Weihnachtsgeschichten am Kamin 10

Gesammelt von
Ursula Richter

ROWOHLT

Im Rowohlt Taschenbuch Verlag sind bereits neun Bände
mit Weihnachtsgeschichten erschienen:
Bd. 1 rororo Nr. 5985, Bd. 2 rororo Nr. 12167,
Bd. 3 rororo Nr. 12393, Bd. 4 rororo Nr. 12717, Bd. 5 rororo Nr. 12861,
Bd. 6 rororo Nr. 13021, Bd. 7 rororo Nr. 13262, Bd. 8 rororo
Nr. 13427 und Bd. 9 rororo Nr. 13541

Originalausgabe
Veröffentlicht im Rowohlt Taschenbuch Verlag GmbH,
Reinbek bei Hamburg, November 1995
Copyright © 1995 by Rowohlt Taschenbuch Verlag GmbH,
Reinbek bei Hamburg
Alle Rechte vorbehalten
Umschlaggestaltung Werner Rebhuhn
(Foto: ZEFA-Damm)
Satz Bembo (Linotronic 500)
Gesamtherstellung Clausen & Bosse, Leck
Printed in Germany
890-ISBN 3 499 13697 x

Vorwort

Stille Nacht, heilige Nacht – kein Lied wird am Heiligen Abend so häufig gesungen wie das traute «Stille Nacht». 1818 erklang es zum erstenmal am Heiligen Abend in der Dorfkirche von Oberndorf im Salzburgischen. Die innigen Worte und schlichten Weisen gingen sofort zu Herzen.

Da in Oberndorf die Orgel nicht in Ordnung war, hatte der Schullehrer Franz Xaver das Lied für Gitarrenbegleitung komponiert. Die kirchlichen Behörden waren mit dieser von der Liturgie abweichenden Weihnachtsfeier nicht einverstanden und erteilten dem Vikar von Oberndorf, Joseph Mohr, der zugleich der Textdichter war, eine Rüge. Im Jahr darauf reparierte der Orgelbauer Mauracher aus Fügen die Orgel. Als der Zillertaler das Lied «Stille Nacht, heilige Nacht» hörte, erkannte er die Bedeutung dieses Liedes. Er schrieb es ab und gab es der bekannten Sängerfamilie Rainer, die es im Winter 1822 dem Kaiser Franz I. von Österreich und dem Zaren Alexander I. von Rußland im alten Fügner Schloß vorsang. Der Zar war so begeistert, daß er die Sängerfamilie Rainer nach Petersburg einlud, wo das Lied gleichfalls mit Begeisterung aufgenommen wurde. 1839 feierten dann die berühmten Zillertaler Sänger mit «Stille Nacht, heilige Nacht» Triumphe in Amerika.

Wie dieses Lied «Stille Nacht, heilige Nacht» gehört auch die Weihnachtskrippe zu den weihnachtlichen Traditionen. Die Weihnachtskrippe, eine figürliche Darstellung der Heiligen Familie im Stall zu Bethlehem mit dem Jesuskind in einer Krippe, mit Ochs und Esel, dazu meist die betenden Hirten und die Weisen aus dem Morgenland. Bereits 1608 ließen die Jesuiten in Innsbruck eine Weihnachtskrippe nach dem Vorbild der Münchner Jesuitenkrippe in ihrem Kloster aufstellen. Die Figuren waren in Menschengröße und in Gewänder aus Stoff gekleidet. Die figürliche Darstellung sollte dem Volk das Weihnachtswunder näherbringen. Die Weihnachtskrippe war aber ausschließlich den Klöstern und später auch den Kurfürstenfamilien vorbehalten. Kaiser Joseph II. läßt die ausstaffierten Krippen als unwürdigen Tand aus den Kirchen entfernen. Erst nach seinem Tod 1790 werden die Weihnachtskrippen wieder aufgestellt. Eine Blütezeit der barocken Bildhauerkrippen beginnt. Die Krippe wurde bald in jedem Haus zur Weihnachtszeit aufgestellt. Man behauptete sogar, daß Häuser mit Weihnachtskrippen von Seuchen, Not und Krankheit verschont blieben. Weltweit wird heute die Krippentradition sehr hochgehalten.

«Weihnachtsgeschichten am Kamin» – inzwischen gleichfalls eine Tradition. Mit dem diesjährigen Band 10 hat der Rowohlt Verlag weit über 500 Geschichten veröffentlicht, geschrieben wurden allerdings über 10 000. Allen Weihnachts-Autoren einen herzlichen Dank.

Für Band 11 der «Weihnachtsgeschichten am Kamin» gelten dieselben Bedingungen wie bisher. Wenn Sie sich in der Weihnachtszeit im Familien- oder Freundeskreis zusammenfinden, um bei dampfenden Bratäpfeln aus dem Kachelofen, bei einem Glas Glühwein oder Grog und dem flackernden Licht einer Kerze zu erzählen, zu träumen, Erinnerungen auszutauschen, dann schreiben Sie Ihre Geschichte doch auf und senden Sie sie an Ursula Richter, 22250 Hamburg, Postfach 60 55 64. Vergessen Sie bitte nicht, einen frankierten Rückumschlag beizulegen.

Ursula Richter

Wilhelmine Weißenbrücher
Ein Wunsch geht in Erfüllung

Einmal das Adventssingen in Salzburg, der Mozartstadt zu erleben, war ein langgehegter Wunsch von uns. Vor vier Jahren nun hatten wir endlich die Gelegenheit dazu. Eine Reisegesellschaft machte es möglich. Vier Tage Salzburg mit Eintrittskarte ins Große Festspielhaus.

Wir erlebten ein wunderschön verschneites Salzburg. Für uns ein Wintermärchen. Wir kamen in einem guten Hotel unter, es war so richtig heimelig, alle Räume waren warm, gemütlich und dezent vorweihnachtlich geschmückt. Am anderen Morgen, nach dem gemeinsamen Frühstück, brachte uns der Bus ins Stadtinnere.

Diese Stadt ist zu jeder Zeit ein lohnendes Ziel. Aber die Winterpracht und die fast überall überschwenglich liebevoll geschmückten Häuser und Schaufenster überstiegen unsere Erwartungen. Überall Tannengirlanden, geschmückt mit Blumen und edlen Bändern. Große Menschenscharen zogen durch die Straßen, schauten, staunten, kauften und freuten sich sichtlich. Über der geschäftigen Stadt mit den Brücken über die Salzach, dem Schloß mit dem Mirabellgarten, dem Dom, den vielen Kirchen und schönen Häusern, steht stark und trutzig die Feste Hohensalzburg. Wir besuchten in der Getreidegasse auch das Mozarthaus und wandelten durch die, einmal von dem Musik-Genie und Familie genutzten, liebevoll erhaltenen und bewahrten Räume.

Auf allen verfügbaren Plätzen der Stadt, auch auf dem Residenzplatz am Dom, boten Weihnachtsmärkte ihre vielseitigen weihnachtlichen und praktischen Sachen an, zur Freude von jung und alt.

Wir erlebten ein abendliches Blaskonzert vom Turm des Domes. Auch besuchten wir eine Krippenausstellung. In mehreren Etagen waren kleine und große Kunstwerke an Krippen aus vielen verschiedenen Ländern ausgestellt. An einem Abend erlebten wir ein wunderbares klassisches Konzert, welches uns Studentinnen und Studenten der Musikakademie boten, das uns sehr beeindruckte.

Am Sonntag nahmen mit uns viele Gläubige an der Heiligen Messe im Dom teil. Der Gottesdienst wurde durch die Darbietungen eines großen Chores untermalt und stimmte uns fast unbewußt auf das eigentliche Ziel unserer Reise ein, denn am Abend sollte nun das Adventssingen im Großen Festspielhaus stattfinden.

Abends betraten wir voller Erwartung dieses Haus. Unzählig viele Menschen hatten das gleiche Ziel. In den Wandelgängen begegneten wir neben einigen Gästen, wie uns, vielen, vielen Einheimischen, die alle in Trachten erschienen waren. Die Damen in kostbaren Kleidern, die Herren in ihren hübschen Trachtenanzügen. Erwartungsvoll und stolz sahen sie alle aus. Es war ja sozusagen *ihre* Veranstaltung.

Im weiten Raum über der Bühne hatten etliche Chöre, auch alle in Trachten, Platz genommen. Sie sollten das Spiel auf der Bühne musikalisch begleiten. Das Spiel begann. Ein kleiner Junge wollte wissen, was eigentlich Weihnachten geschehen war. Die Eltern erzählten es ihm, wie sie es aus der Bibel kannten. Nachts träumte der Kleine dann davon, was auf der Bühne in Form einer Aufführung dargestellt wurde. Er sah, wie der Engel der Maria erschien und ihr weissagte, sie würde ein Kind gebären, eben das Jesuskind. Er sah, wie Maria und Josef nach Betlehem wanderten und keine Herberge fanden. Er sah die Hirten auf dem Feld und den Stern, der über dem Stall leuchtete. Und immer, wenn eine der Begebenheiten auf der Bühne vorgetragen worden war, ertönten von den verschiedensten Gruppen wundervolle Adventslieder, Choräle oder Musikinstrumente. Ein ganz festlicher, zu Herzen gehender Zusammenklang zwischen Bildern und Musik.

Nach Beendigung der Aufführung erfolgte ein ganz besonderer Schlußpunkt. Bei der wundersamen Musik des Andachtsjodlers erhoben sich alle Anwesenden und summten dankbar und ergriffen mit.

Da ist nichts mehr hinzuzufügen, *unser* Traum wurde wahr!

Markus W. Zauner

Ein Weihnachtsbaum erzählt aus seinem Leben

Vor vielen, vielen Jahren bin ich in einer Baumschule aufgewachsen. Zusammen mit Hunderten Freunden, die, wie ich, Tanne genannt wurden. Jedes Jahr wurden einige gefällt, damit wir wieder mehr Platz zum Wachsen hatten, denn unsere Äste sollten schön gleichmäßig um den Stamm angeordnet sein.

«Ihr werdet an die Menschen verkauft», piepsten uns die Vögel zu. Und die frechen Spatzen wußten noch Genaueres: «Die Menschen feiern jedes Jahr ein Fest, das sie Weihnachten nennen. Jede Familie kauft sich einen Baum, den sie dann, festlich geschmückt, in ihrer Wohnung aufstellen. Ihr werdet mit bunten Kugeln und Glitzerfäden behangen, mit Süßigkeiten und Lebkuchen für die Menschenkinder, und vieles, vieles mehr.»

Wir Tannen konnten es kaum erwarten, den Menschen für einige Wochen Freude zu bereiten. Endlich waren wir «erwachsen» und konnten gefällt werden, doch alles kam ganz anders.

Meine Freunde und ich wurden mitsamt unseren Wurzeln

ausgegraben und in große Gefäße mit frischer, nahrhafter Erde gepflanzt.

Was sollte das bedeuten?

War die jahrelange Vorfreude auf das große Fest umsonst?

Wir schickten die Vögel auf Erkundungsflug.

Voller Spannung erwarteten wir ihre Rückkehr. Völlig außer Atem zwitscherten sie uns zu: «Wir haben unsere Verwandten in der Stadt befragt. Mit euch passiert was ganz Spannendes. Ihr werdet nach dem großen Fest von den Menschen in ihre Gärten gepflanzt. So könnt ihr weiter wachsen und noch sehr alt werden.»

Auf großen Lastwagen wurden wir in die Stadt gefahren, bis hin zu einer Ansammlung von kleinen, hölzernen Häusern. Das nennen die Menschen «Weihnachtsmarkt». Dort gingen sie mit ihren Kindern spazieren und besichtigten uns kritisch. Erwartungsvoll warteten wir auf unsere neuen Besitzer.

Welche Familie würde mich wohl kaufen?

Dann tauchte eine Menschenfamilie mit drei Kindern auf. Nervös hielt ich ihren prüfenden, kritischen Blicken stand. Mehrmals wurde ich gedreht, um meine Schokoladenseite festzustellen. Aber über mich beschwerte sich keiner der Familie.

Der Menschenvater gab dem Verkäufer einige Geldscheine und durfte mich mitnehmen.

Ich gehörte ihm, das Abenteuer konnte beginnen.

Die gesamte Familie hievte mich in den Kofferraum eines Autos. Lediglich einige Äste spähten nach draußen. Als der Wagen stoppte, wurde ich ausgeladen und konnte meine neue Heimat begrüßen. Dicht an dicht standen Häuser mit kleinen Vorgärten. Durch das Haus wurde ich auf einen Balkon getragen.

«So, bis in einer Woche», verabschiedete sich der Menschenmann von mir.

Noch eine Woche bis zu meinem großen Auftritt.

Wenn man auf etwas Bestimmtes wartet, scheint die Zeit stillzustehen. Aber irgendwie hatte die Warterei ein Ende, und ich wurde ins Haus getragen.

Die Familie war vollständig anwesend. Auch türmten sich Dutzende Schachteln und Kartons auf dem Fußboden. In einer leeren Ecke des Wohnzimmers fand ich meinen Platz.

«Jetzt beginnen wir mit dem Schmücken», sagte die Menschenfrau. Nach und nach wurden die vielen Kartons leer und meine Äste und Zweige immer schöner anzusehen. Zum Schluß legten mir die Menschen eine Lichterkette mit vielen Kerzen um. Ich reckte und streckte mich, die Kinder bettelten, aber die Eltern erlaubten nicht, daß die Kerzen angedreht wurden, und sagten geheimnisvoll: «Erst morgen ist Weihnachten, alle verlassen bitte jetzt das Zimmer und keiner sollte sich getrauen, das Wohnzimmer bis zum nächsten Abend zu betreten!»

Also morgen, mein großer Tag sollte endlich kommen!

Und Heiligabend war da!

Draußen dämmerte es bereits, als die gesamte Menschenfamilie eintrat.

Sollte das meine Familie sein?

Ich erkannte sie kaum wieder!

Alle waren festlich angezogen, sogar die Kinder trugen ihre Sonntagskleidung.

Im Halbkreis formierten sie sich vor mir.

Ich wurde immer aufgeregter, was geschieht jetzt?

Zwei Mädchen entlockten ihren Flöten wunderschöne Töne, und plötzlich stimmte die Familie verschiedene Weihnachtslieder an. Nach und nach wurden die Kinder ganz zappelig und unkonzentriert. Sie wollten sicher ihre Geschenke auspacken, die in bunten Kartons zu meinen Füßen lagen. Jetzt endlich erlaubten die Eltern ihren Kindern, nach den Geschenken zu schauen.

Und wie sie sich daraufstürzten. Ich schwankte beträchtlich, denn es wurde gedrängelt und geschubst, jeder versuchte zuerst, an seine Geschenke zu gelangen. Die schönen Kartons wurden aufgerissen, das Papier im Zimmer umhergeworfen, auch die Schachteln landeten irgendwo im Raum; denn schließlich kam es den Kindern auf den Inhalt und nicht auf die Verpackung an. Sie hatten nur noch ihre Geschenke im Kopf und hatten alles andere um sich herum vergessen.

Und die Eltern?

Still saßen sie auf dem Sofa und lächelten. Erinnerten sie sich an ihre eigene Kinderzeit?

Ob sie auch so viele Geschenke bekamen?

Lange saß die Familie an diesem Abend zusammen, lachten, wetteiferten bei diversen Spielen, aßen Süßigkeiten und lauschten stimmungsvoller Weihnachtsmusik.

Das war also der größte Tag meines Tannenbaumlebens.

Ich war beim größten Fest der Menschen dabei und beinahe auch die Hauptperson, oder kann das Fest auch ohne Weihnachtsbaum gefeiert werden?

Nach zwei Wochen war die gemütliche Weihnachtszeit vorbei. Die Süßigkeiten an meinen Ästen waren schon lange von den Kindern geplündert.

Der schöne Schmuck und die Lichterkette wurden mir abgenommen und wieder in Kartons verpackt.

Jetzt werde ich sicher mit meinen Wurzeln irgendwo eingegraben, dachte ich mir.

Und richtig.

Ich wurde in den Vorgarten getragen. Dort war bereits ein tiefes Loch ausgegraben, in das mich die Menschen steckten. Meine Wurzeln wurden mit Erde bedeckt, fest angetreten und zum Schluß gründlich gewässert.

Inzwischen sind mehr als zehn Jahre verstrichen. Ich stehe immer noch im Vorgarten der Familie, denen ich ein Weihnachtsbaum sein durfte.

Von Jahr zu Jahr konnte ich erleben, wie die Kinder älter und erwachsener wurden.

In das Wohnzimmer der Menschen passe ich wegen meiner Größe schon lange nicht mehr. Aber jedes Jahr zur Weihnachtszeit bekomme ich immer noch eine Lichterkette um meine Zweige gelegt und strahle mit den anderen Bäumen der Nachbarschaft um die Wette.

Gabriele Engelbert
Der Stern, der uns leuchtet

Wer auf die Idee kam, weiß ich nicht mehr. Jedenfalls hatten wir alle sofort Lust dazu. Besonders die Mädchen, die seit dem Sommerurlaub richtige Seekrabben waren.

Es war am ersten Advent, als die Oma von einsamen, klingenden Schlittenfahrten auf dem vereisten Haff erzählte. Diese Oma! Die hatte es gut früher!

Hedwig maulte. «Und was haben wir? Schiet Regen! Schiet Weihnachten! Vermarktungssuperknüller...!»

Da hatte jemand die Idee mit Helgoland.

Wiebke jubelte. «Wenn wir schon nicht mit dem Schlitten übers Eis sausen können...»

«Wie die Oma früher...!» ergänzte Zwillingsschwester Frauke.

«...dann machen wir eben 'ne Seefahrt!» piepste Klein-Anna.

Daß es Winter war, störte sie nicht. Ein ungewohnt eisiger, sturmgeschüttelter Winter. Das fanden sie gerade gut.

Noch zwei Tage bis Weihnachten. Zwischen Nacht und Tag, in graugeduckter, windüberheulter Nässe bestiegen wir in Cuxhaven das Boot. Das Boot hatte verblüffende Ähnlichkeit mit Annas Spielzeugschiffchen, das im Wasser immer umschlug. Von Klein-Anna guckte nur das rote Näschen aus der Kapuze. Den Zwillingen wehten die blonden

Rattenschwänze um die Ohren, Hedwig maulte wegen ihrer nassen Brille, Jörg und ich warfen uns schaudernde Blicke zu.

Dann legten wir ab. Waren in grautrübem Dämmerlicht auf dem Wasser. Allein. Die Lichter von Cuxhaven gingen uns verloren, der Wind heulte um uns, und schwarze Wellen warfen sich über unser Spielzeugschiffchen, eine um die andere...

«Wird man hübsch kiebig werden, die See!» meinte der Schiffer.

Wir klammerten uns mit bleichen Gesichtern an die Reling. Nur Hedwig mit ihrer blinden Brille schrie begeistert durch den Sturm: «Denkt mal, wenn die bei ihren Schlittenfahrten früher die Wölfe hinter sich hatten...!»

Der Schiffer sagte nichts mehr. Mit seinem gefurchten, unbeweglichen Gesicht schien er uns mehr zu dem Spielzeugboot als zu uns gehörig. Natürlich hielt er uns für abartige, lebensschwache Sensationslüstlinge.

Es war eine schlingernde, tosende Ungeheuerlichkeit. Das Grau blieb, dicht und drückend, Möwenschreie gegen den Sturm, die Wellen ohne Ausweg.

«Haushoch! In echt!» murmelte Hedwig, nahm ihre Brille ab und schwieg.

So ähnlich hatte ich mich damals gefühlt, als Frauke diese aussichtslos scheinende Krankheit bekam. Oder im Frühjahr, als Jörg plötzlich arbeitslos war. Genauso weggeworfen, so hilflos war ich mir vorgekommen, so wie zufällig unter den Tisch gefallen und dort von unbekannter Bösartigkeit festgehalten.

Nacheinander brachen wir zusammen. Hingen todkrank über der Reling. Was waren ein paar lächerliche Wölfe gegen dieses hier? Jede wie auch immer geartete, romantische Großartigkeit fehlte. Hoffnungslos verloren waren wir!

So verlief die Hinfahrt nach Helgoland. Diese ostpreußisch-heimatliche Pferdeschlitten-Ersatzfahrt. Spitznasig, bleich und zitternd wankten wir an Land und hatten es bis obenhin satt. An die Rückfahrt wagten wir nicht zu denken.

Und doch war es gut, daß die noch folgte.

Die war eigentlich die Hauptsache.

Es war schon Nacht, und der Sturm hatte aufgehört. Der Wind schwieg plötzlich, es war schon seltsam.

Leicht und fast lautlos schwammen wir durch eine weiche Dunkelheit. Das Wasser schimmerte eigenartig vor den Positionslaternen. Dicht nebeneinander lehnten wir an der Reling und lauschten und spähten in die samtene, undurchsichtige Stille, die so endlos schien. Es war ganz unbegreiflich. Fast wie ein Traum, ein Gefühl von Sicherheit, Geborgenheit...

«Da ist ein Stern!» rief Frauke.

«Und da – und da!» zeigten die Schwestern.

Plötzlich wurde uns klar, daß es fast Weihnachten war. Doch kein Traum. Es wurde immer klarer. Nach einer Weile glänzte der ganze Sternenhimmel über uns.

«Das da ist meiner!» schrie Wiebke.

«Nee, der! Der helle! Der gehört mir!» ereiferte sich Frauke.

Hedwig sagte: «Quatsch! Wir können doch zusammen einen haben!»

«Unser Stern! So was!» Jörg schüttelte den Kopf. Dann lachte er. «Einer von denen kann's ja wohl sein! Möcht's ihm raten!»

«Ja!» rief Hedwig. «Lohnt sich bei uns! Wir sind sechs!»

«He, du! Wir haben dich entdeckt!» schrie Frauke.

«Quatsch!» rief Hedwig wieder. «Quatsch, Mensch! Er hat uns doch viel früher entdeckt! Als du noch gar nicht geboren warst, da hat er schon... zumindest Mutti und Vati...!»

«Ist er so hell wie der von Bethlehem?» fragte Wiebke.

«Nein, natürlich nicht. Aber vielleicht... ach, seid doch mal ruhig!» sagte ich. «... vielleicht hat er auch angehalten über Bethlehem. Über Weihnachten.»

Ruhe.

Ist das möglich bei vier kleinen Schnattermäulchen?

Wirklich Ruhe.

Der matte Glanz auf dem stillen Wasser war wie ein erstauntes Innehalten vor dem glänzenden Gefunkel über uns. Über uns in dem Raum, der keiner mehr ist. Nach oben gibt es keine Grenzen. Aber die Sterne sind da...

«Ich glaube, der isses. Der blinkt so zu mir rüber!» piepste Annas Stimmchen.

Alle lachen.

Darf man Weihnachten lachen? «Mensch, Weihnachten! Denk doch mal!» sagte Wiebke.

«Ja, denk mal!» rief Hedwig. «In echt!» Man darf lachen.

Lachen ist das Allererstaunlichste. Eine Art, sich aus der Affäre zu ziehen. Aus einer Affäre, die einem unbegreiflich ist. Lachen bedeutet immer Nichtverstehen, hat mal jemand Kluges gesagt.

Ich wundere mich, daß ich lache. Aber ich lache! Mensch, wie ich lache! Und wie gut das tut! Nach allem Sturm und Schrecken, aller Bedrängnis, allem Unverständnis... Die «Affäre» – oder wie man es auch nennen soll –, das Leben –, das überlasse ich dem Stern. Denn ich habe ihn entdeckt. Er geht nicht an Bethlehem vorbei, ganz deutlich sehe ich ihn da innehalten. Da habe ich ihn erkannt.

Er weiß den Weg. Und ich kann lachen.

Renate Obermeyer

Julia und die Hauswichtel

Von Zeit zu Zeit versuche ich, Ordnung in meinen Hausstand zu bringen. Nun war es wieder einmal soweit. Beim Stöbern fiel mir ein Kasten mit kleinen, rührenden Briefen in die Hände, Briefe, die unsere jüngste Tochter Julia vor langer Zeit mit den Hauswichteln Robert, Anton und Wilhelm, die alljährlich in der Zeit zwischen dem Nikolaustag und dem Heiligen Abend zum Leben erwachten, gewechselt hat.

Die Geschichte hatte am Vorabend eines Nikolaustages begonnen.

Daniela, Eva und Julia hatten erwartungsvoll ihre Schuhe – blankgeputzt, versteht sich – vor die Tür ihres Kinderzimmers gestellt. Trotz aller Vorfreude tauchte die bange Frage auf, ob der Nikolaus wußte, daß die Familie umgezogen war.

Der Vater meinte, daß Weihnachten überhaupt in diesem Jahr ausfiele. Man lebte ja nun in dem neuen Haus, es hatte viel Geld gekostet, da konnten nicht auch noch große Feste gefeiert werden.

Ja, die Familie hatte sich nach dem Umzug eingelebt und begann, sich in dem kleinen Bergischen Städtchen heimisch zu fühlen.

Die Jüngste erlebte bewußt zum ersten Mal die Adventszeit, die Vorbereitungen zum Fest, Höhe- und Glanzpunkte dieser Vorweihnachtszeit. Da wurde gebastelt und gemalt, es wurden Sterne geklebt, Plätzchen gebacken und Nüsse vergoldet. Und es wurden liebevoll verzierte Wunschzettel geschrieben. Die älteren Schwestern halfen dabei der des Schreibens noch nicht kundigen jüngeren. Am Abend vor dem ersten Advent legte man die Wunschzettel auf die Fensterbank des Eßzimmers. Das Christkind holte sie in der Nacht ab und legte für jedes Kind einen kleinen süßen Gruß dorthin.

Und nun war der Nikolaustag da. Die Kinder jubelten, als sie am Morgen ihre Schuhe wohlgefüllt fanden. Sogar der ungläubige Vater hatte in seinem großen Schuh, den die Kinder vorsichtshalber für ihn aufgestellt hatten, ein paar Trüffel, die er besonders gerne aß, entdeckt.

Der Tag endete, Dani, Eva und Julia sagten den Eltern gute Nacht und gingen ins Bett. Nur die Kleinste wollte sich nicht damit zufriedengeben, daß wieder der Alltag eingekehrt war. Sie stellte einfach wieder ihren Schuh vor die Tür. Die großen Schwestern mochten sagen, was sie wollten, vielleicht würde der Nikolaus ja auch in dieser Nacht vorbeikommen!

Eva, der die kleine Schwester leid tat, legte ein Fünfpfennigstück in Julias Schuh. Am anderen Morgen, die Jüngste war wie immer als erste wach, herrschte eitel Freude. «Seht ihr, der Nikolaus war *doch* wieder da!» wurde uns mitgeteilt. «Nein», sagte Eva, die es besser wußte, «das war nicht der Nikolaus.» «Ja, aber wer war es denn dann?» «Das waren die Hauswichtel!»

Auch am nächsten Abend stand der Schuh bereit. Morgens lag ein neues Geldstück darin. Eines Tages ging der Eva das Taschengeld aus. Es fand sich noch ein Bonbon, aber dann war die große Schwester ratlos. Nun erbarmte sich der Vater und griff ins Portemonnaie. Aber das war keine Lösung, wie ihm schnell klar wurde.

So entstand der erste Hauswichtelbrief.

«Liebe Julia!» konnte man da lesen. «Wie wir sehen, bist Du ein recht braves Kind, das den Eltern Freude macht. Leider haben wir nicht so viel Geld, um Dir jeden Tag etwas in Deinen Schuh zu legen, aber wir denken, daß Du Dich auch über einen Brief von uns freust. Deine Hauswichtel.»

Julia war erst vier Jahre alt und konnte natürlich noch nicht lesen. Aber dafür hatte man ja Dani und Eva, die großen Schwestern. Die mußten nun einen Antwortbrief schreiben. Tag für Tag holte Julia ihre Zettelchen aus dem Schuh und ebenso gewissenhaft legte sie abends eine Antwort hinein. Es wurden Fragen gestellt: «Wie viele Hauswichtel seid Ihr, wie heißt Ihr?»

«Wir heißen Robert, Anton und Wilhelm», lautete die Antwort. «Wir sind schon ganz alt! Wir schlafen am Tag und sind in der Nacht munter.»

In einer der nächsten Nächte wurde das Puppenbett vor die

Tür gestellt, damit die Hauswichtel darin schlafen konnten. Am anderen Morgen waren die Kissen zerwühlt, aber es fand sich ein Brieflein der dankbaren Hauswichtel darin.

Ein andermal stand die Puppen-Hollywood-Schaukel bereit, damit die Hauswichtel schaukeln konnten.

Am Heiligen Abend endlich traten die Hauswichtel ihren wohlverdienten Winterschlaf an, und Julia war es zufrieden.

Im Jahr darauf – die Erwachsenen hatten längst die Geschichte vergessen – fand sich pünktlich am Abend nach dem Nikolaustag ein Schuh mit einem Brieflein darin vor Julias Kinderzimmertür. Das Spiel begann von neuem.

Als Julia endlich schreiben lernte, bekam auch die Familie Spaß an der Sache. Die Hauswichtel schrieben in Sütterlin-Schrift, so richtig schön krakelig. Natürlich machten sie Fehler über Fehler, und es gab heiße Diskussionen über die deutsche Rechtschreibung, die Julia doch auch erst langsam zu beherrschen begann. Julia legte von Zeit zu Zeit kleine Geschenke zu ihrem Brieflein. Da gab es Papierdeckchen, ein Lesezeichen, einen Stern und kleine Stabpuppen, ebenfalls aus Papier gebastelt und bunt bemalt. Als Julia von der Uroma in die Kunst des Häkelns eingeweiht worden war, wurden winzig kleine Pullover angefertigt, damit die Hauswichtel nachts nicht frieren mußten.

Wir erfahren, daß die Hauswichtel eine Köchin haben. Haben sie wohl auch einen König? «Habt Ihr auch Hauswichtelkinder und Hauswichtelfrauen? Was eßt Ihr denn immer?»

«Liebe, geliebte Hauswichtel! Das Nachthemd ist für die Köchin, das andere für Euch. Ich hoffe, Ihr schlaft gut und vergeßt mich nicht. Eure Julia und Eltern und Geschwister.»

Aber die Hauswichtel sorgten auch für Julias Erziehung. Sie wurde aufgefordert, ihr Zimmer aufzuräumen und abends eher einzuschlafen.

Offenbar spendierten die Wichtel ab und zu eine Kleinigkeit. Da steht in einem Briefchen: «Vielen Dank für das Süse. Julia.» Darunter sind drei einzelne Pfennigstücke geklebt, jeweils mit einem Verwendungszweck gekennzeichnet: «für die Kinder die keine Eltern haben», «für die Kinder die blind, taub, und Stum und gelämt sind», «für die Kinder die keine Arme, und keine Beine haben.»

Ein andermal wird erzählt, daß Julia am Abend in einem Konzert gewesen ist, das sehr spät zu Ende war. «Ich habe mich schlecht benommen!» heißt es da.

«Bitte schreibt deutsch, ich kann kein Englisch!» lautet eine dringende Aufforderung.

«Bitte schreibt so, daß ich es lesen kann, wie wir es in der Schule lernen. Eure liebe Julia.»

«Es tut mir sehr leid, daß Robert krank ist. Ich wünsche ihm gute Besserung. Für Robert sind Decke und Kissen. Für Anton ist nur eine Wolldecke. Meinen Namen schreibt man leider anders: *Julia* nicht Julja.»

«Es freut mich, daß Robert wieder gesund ist. Hatte er Fieber?»

«Leider kann ich heute nicht gut schreiben, weil ich mich in den Daumen geschnitten habe. Ich freue mich sehr auf Weihnachten. Bevor die Bescherung anfängt, lege ich einen Zettel auf das Puppenbett. Ich habe auch für jeden ein Weihnachtsgeschenk, auch für die Köchin. Kommt bitte nächstes Jahr wieder. Eure Julia.»

«Ich weiß auch nicht genau, ob man ‹er› in Briefen groß schreibt. Aber man schreibt ‹Du› in Briefen groß.»

«Papa ist allergisch auf Tannenduft, deshalb haben wir den Baum mit Haarspray eingesprüht. Deswegen riecht es auch nach Evas Haaren.»

Nach einem Sommerurlaub in Italien heißt es nicht mehr «danke» sondern «Grazje».

«Zu Weihnachten bekomme ich vielleicht einen großen Käfig für meinen Hamster. Ich muß jetzt ins Bett. Gute Nacht, Eure Julia. P. S. Ja, ich bete für den kranken Opa.»

«Wenn Ihr an Gott glaubt, dann betet, daß morgen gutes Wetter ist, denn wir fahren mit der Schulklasse nach Köln.»

Darauf entspann sich ein Schriftwechsel über die Stadt Köln. Die Wichtel wollten wissen, was «Köln» sei. Julia schrieb, daß es sich um eine Stadt handelt, und fertigte eine Zeichnung an, aus der hervorging, wo Köln liegt. Es fiel der Begriff «Osten». Also glaubten die Hauswichtel, auch «Osten» wäre eine Stadt. Nun wurden Himmelsrichtungen erklärt und eine Windrose auf herzförmigem roten Papier dargestellt. Die Hauswichtel wurden «gebildet».

Da Julia abends immer sehr spät einschlief, war es nicht einfach, die Brieflein heimlich wegzunehmen und sie pünktlich zu beantworten. Sie mußten auch gut und unauffindbar verwahrt werden. So geschah es einmal, daß der Vater einen Zettel in der Eile in einem neuen Briefumschlag in der obersten Schreibtischschublade ablegte, um ihn am anderen Tag zu lesen und darauf einzugehen. Der Zufall wollte es, daß die Mutter diesen Umschlag herausnahm, ohne zu sehen, daß er nicht leer war. Sie fügte ihn einer Mitteilung an die Krankenkasse als adressierten Rückumschlag bei. So gelangte der Hauswichtelbrief nach Düsseldorf. Der Vater fand ihn infolgedessen nicht wieder. Die Mutter ahnte aber, wo er geblieben war. Also wurde in Düsseldorf angerufen, der Umschlag von einer freundlichen und verständnisvollen Dame herausgesucht und der Inhalt per Telefon übermittelt, so daß der Vater wußte, was darin gestanden hatte. Als dann die schriftliche Rückantwort der Behörde eintraf, lag besagter Hauswichtelbrief dabei und trug den Vermerk: «An den Hauswichtel über die Krankenkasse in Düsseldorf, mit herzlichen Grüßen.»

Der Abschied von den Hauswichteln am Heiligen Abend fiel jedesmal schwer. Ob die Hauswichtel auch im nächsten Jahr wiederkommen würden? Julia war nun groß geworden. Spätabends kehrte sie mit Eltern und Geschwistern von der Mitternachtsmesse nach Hause zurück. Übermüdet stieg sie die Treppe hinauf zu ihrem Zimmer. Doch da wurde sie noch einmal hellwach! Da saß doch ein leibhaftiger Hauswichtel mit einer Knubbelnase und zotteligen schwarzen Haaren unter einer hohen roten Zipfelmütze, bekleidet mit einem blauroten Wams über einer karierten Hose vor ihrer Kinderzimmertür! Überglücklich und mit Tränen in den Augen nahm Julia das Männlein in die Arme.

Von nun an brauchte sie keine Briefe mehr zu schreiben. Die Hauswichtel hatten greifbar Gestalt angenommen, sie waren lebendig geworden.

Das Ende der Geschichte fand zu Ostern statt. Julia, nun 26 Jahre alt, fand in ihrem Osternest, das sie trotz ihres Alters noch immer in Empfang nimmt, ein winziges Päckchen. Es war liebevoll verpackt und mit einem Schildchen versehen, das die Aufschrift trug: «An die Hauswichtel». Gespannt öffnete sie das Päckchen im Beisein der neugierigen Eltern und fand darin drei winzige Bleistifte. Die Hauswichtel hatten seinerzeit vergessen, das Päckchen zu öffnen, nun war es an die Absenderin zurückgekehrt!

Margot Verweyen
Die Puppe Erika

Meine Erinnerung geht zurück in das Jahr 1938. Ich war sechs Jahre alt und seit Ostern stolze Schülerin der 1. Klasse.

Wir wohnten in einer ruhigen Seitenstraße auf der zweiten Etage eines Dreifamilienhauses. Es war ohnehin noch eine ruhige Zeit. Wir hatten mitten auf der Straße mit Kreide Kästchen gezogen und konnten dort ungestört hüpfen und Ball spielen.

Wenn Ferien waren, stand ich am Fenster und wartete auf den Milchmann, der jeden Morgen mit einem großen Karren, beladen mit Milchkannen, durch die Straßen zog. Der Clou aber für mich war Max, ein wunderschöner schwerer

Kaltblüter, mit langen blonden Haaren. Max war ein sehr kluges Pferd. An jedem Haus blieb er stehen, dann kamen die Frauen aus den Häusern und ließen sich die frische Milch aus großen Kannen in die kleinen Behälter umfüllen.

Man konnte auch Käse und Butter kaufen, alles frisch vom Erzeuger.

Die Räder des Milchwagens waren noch mit Eisen beschlagen, und so konnte man immer hören wenn er näher kam. Ich sauste dann mit einem Kanten Brot die Treppe herunter und zu Max, der schon genau wußte, aus welcher Tür ich kam. Leider wurde uns diese große Liebe zum Verhängnis, denn eines schönen Tages sauste Max klappernd direkt bis vor unsere Haustür, der Milchmann schimpfend hinterher.

Fast hätte Max etwas mit der Peitsche bekommen, und mir wurde die Auflage gemacht, kein Brot mehr zu füttern, und es dauerte sehr lange, bis ich diesen Schmerz überwunden hatte.

Der Sommer war vorbei, es wurde früh dunkel und etwas anderes faszinierte mich, die Gaslaternen! Jeden Abend kam ein Mann mit einem langen Stock durch unsere Straße, meistens trug er einen Umhang und einen großen Hut auf dem Kopf. Ganz oben an dem Stock befand sich ein Licht. Dieses Licht schob der Mann nun vorsichtig in die Glocke der Gaslaterne – und es wurde hell –, für mich ein Zeichen, nach Hause zu gehen.

Dann ging es schnell auf Weihnachten zu, und ich hatte mir eine Puppe gewünscht. Und tatsächlich, ich bekam eine wunderschöne Schildkrötpuppe. Sie trug ein weißes Taufkleidchen mit einem rosa Unterkleid, dazu passend ein Häubchen, und die ganze Pracht lachte mir aus einem kleinen Puppenwagen entgegen, meine Erika!

1939 begann der furchtbare Krieg. Mein Vater hatte sich freiwillig gemeldet und so war ich mit meiner Mutter alleine, denn Geschwister hatte ich nicht.

Dann kam Weihnachten 1940. Man merkte den Krieg, und vieles wurde schon knapp. Ich hatte mir ein Fahrrad gewünscht – und bekam einen Brief vom Christkind mit goldenen Buchstaben geschrieben und folgenden Inhalts:

Liebe Margot!
Leider gibt es in diesem Jahr keine Fahrräder, denn es ist ja Krieg. Ich habe mir Deinen Wunsch notiert; vielleicht kann ich ihn später erfüllen. Frohe Weihnachten von Deinem Christkind.

Aber ich bekam Rollschuhe aus zweiter Hand von Nachbars Lilo, auf Hochglanz poliert und gut erhalten. Lilo waren sie zu klein geworden.

Diese Rollschuhe trösteten mich über vieles hinweg. Kaum aus der Schule, hatte ich sie auch schon an den Füßen. Wenn ich Kummer hatte, sauste ich zuerst um den Häuserblock, dann war mir wieder wohler.

Der schlimme Krieg weitete sich immer mehr aus. Tag und Nacht mußten wir Luftschutzbunker aufsuchen, um uns vor den drohenden Bombenhageln und Tiefffliegern zu schützen. Meine Mutter und mit ihr viele Frauen versuchten, ihre Kinder und sich so gut es ging zu versorgen, was immer schwieriger wurde. Die Schulen wurden geschlossen, dort wurden Soldaten einquartiert.

Langsam, aber sicher versanken die Städte und Dörfer in Schutt und Asche. Meine Mutter hatte folgendes System aufgestellt: ich trug in jeder Hand eine Tasche, den Tornister auf dem Rücken, und zusätzlich klemmte ich mir meine geliebte Erika unter den Arm. Meine Mutter trug zwei Koffer und einen Rucksack.

Wir überlebten diesen Krieg, auch mein Vater kam sehr früh aus der Gefangenschaft nach Hause; aber wir hatten so gut wie nichts mehr. Mehrere Male waren wir aus den zerstörten Wohnungen geflohen, und unsere Habe wurde immer weniger. Jeder Tag begann und endete mit Hunger. Wir hatten keine Textilien, keine Schuhe, nichts.

Dann im Spätherbst 1945, wir saßen beim Abendessen, trockenes Brot, Rübenkraut, Malzkaffee, mehr gab es nicht, als es plötzlich an die Tür klopfte. Ich öffnete und sah mit großen Augen einen Mann vor mir, der eine ausgewachsene Kuh an einem Strick mit sich führte. Er wollte zu meinem Vater, der auch schon aus der Küche gestürzt kam, und zwei Kriegskameraden lagen sich in den Armen.

Die Kuh sollte am nächsten Tag auf einen in der Nähe liegenden Bauernhof gebracht werden, dort war die Schwester von Jupp (so hieß der Mann) verheiratet.

Zunächst aber mußte das Tier versorgt werden. Jupp und mein Vater zogen nun die Kuh durch den Hausflur, wo sie vor lauter Schreck einen großen Fladen hinterließ, dann wurde sie im Hof festgemacht. Nun packte unser Besuch den Rucksack aus, und wir wurden seit langer Zeit wieder richtig satt, und mir wurde schlecht, weil ich richtiges Essen nicht mehr gewohnt war.

Jupp erkannte mit einem Blick unsere desolate Situation und bleute meinem Vater ein, sich mit einem Haushaltswarengeschäft in Verbindung zu setzen und am Wochenende «über Land» zu fahren mit Haushaltsgeräten, er würde ihm schon helfen, denn die Bauern im Bereich Geilenkirchen an der holländischen Grenze hatten zum Schluß noch ganz besonders unter Beschuß gestanden.

Wir hatten tatsächlich einen Bekannten, der ein Haushaltswarengeschäft führte, und so klapperte mein Vater am Wochenende mit Kochtöpfen und Waschbrettern und sonstigen Geräten zum «Kompensieren» nach Geilenkirchen.

Wieder ging es auf Weihnachten zu. Meine über den Krieg geretteten Spielsachen hatte ich schon klaglos für Lebensmittel abgegeben. Geblieben war mir nur noch meine Puppe Erika, und die hatte ich gut versteckt, immer in der Hoffnung, wenn sie nicht gesehen wird, gerät sie vielleicht in Vergessenheit. Leider war das ein Trugschluß, und ich hatte ein ungutes Gefühl.

Eines Tages kam ich aus der Schule und meine Mutter sagte: «Wo ist eigentlich deine Puppe? Du mußt sie abgeben für einen warmen Mantel.» Mir brach fast das Herz.

In der Tat war ich stark gewachsen und hatte nichts für den Winter zum Anziehen. Aber aller Protest war umsonst. Erika wurde auf Hochglanz poliert und wanderte zu den Kochtöpfen und Waschbrettern in den Rucksack meines Vaters.

Der nächste Tag begann mit Tränen. In der Schule konnte ich mich nicht konzentrieren und dachte den ganzen Tag, daß Erika hoffentlich in gute Hände kam.

Abends mußte ich meinen Vater mit dem Fahrrad vom Bahnhof abholen. Oben aus dem Rucksack schaute meine Puppe heraus. Er hatte es auch nicht geschafft, sich von meiner letzten über den Krieg geretteten Kindheitserinnerung zu trennen. Er hatte seine Armbanduhr gegen eine Wolldecke eingetauscht, diese wurde eingefärbt und ein Mantel daraus genäht.

Meine Erika saß wieder – wie alle Jahre – unter dem Weihnachtsbaum.

1952 haben wir geheiratet, und 1957 kam unsere Tochter Alice auf die Welt. Als sie drei Jahre alt war, kauften wir wieder einen kleinen Puppenwagen und setzten Erika hinein. Sie wurde von unserer Tochter heiß geliebt, und sie übernahm die Rolle der Puppenmutter. Als sie auszog, blieb Erika zurück. Aber jetzt war es unsere kleine Nachbarin Tina, die sich in Erika verliebte und mit ihr spielte.

Tina ist kürzlich auch weggezogen.

Inzwischen ist Erika etwas altersschwach geworden, und ich habe ihr einen Lehnstuhl gekauft. Jetzt sitzt sie neben meinem Bett und strahlt mich immer noch an. Und manchmal denke ich, wenn Puppen reden könnten.

Übrigens, ein Fahrrad habe ich erst vor einigen Jahren bekommen.

Maria Anna Bruns

Christnacht

Noch immer nehmen wir, wenn wir zur mitternächtlichen Christmette gehen, weit vorne in den ersten Bänken der alten Dorfkirche Platz. Und die Geschichte, an die wir uns in jedem Jahr erinnern, läßt uns auch heute noch schmunzeln.

Damals waren wir besonders zeitig da, denn unser Ältester hatte zum ersten Mal ein Amt als Meßdiener. Schon bei der Bescherung war er sehr aufgeregt gewesen, hatte die ganze Familie mit seiner Hektik angesteckt, und so kam es, daß während des Festessens die Soßenschüssel umfiel und der Inhalt sich über die Tischdecke und Vaters Anzug ergoß.

Doch dann saßen Eltern wie Kinder friedlich in der Kirchenbank und kämpften im Halbdunkel gegen die Müdigkeit. Wir schauten den ruhigen Bewegungen des alten Küsters zu, wie er mit einem langen Dochtstab zunächst die Kerzen auf dem Altartisch anzündete, dann die Stufen hinunter zur Krippe ging, in den Stall eine Kerze stellte und in die Laterne, die Josef in seiner hocherhobenen Hand hielt, ein brennendes Grablicht steckte. Auch der Engel, der die Botschaft brachte, bekam ein Licht in die hölzerne Hand. Ein weiteres diente als Feuersglut bei den Hirten auf dem Felde. Zum Schluß stellte er noch hohe Kerzenleuchter um die Krippe herum.

Aus der Sakristei drangen nervöses Stimmengewirr und letzte gereizte Anordnungen des Pfarrers. Wir sorgten uns um unseren Sohn. Vielleicht war er dieser Aufgabe doch noch nicht gewachsen! Unsicher schauten wir uns an, wurden dann aber von der Tochter abgelenkt, die in der Schule gerade den Zahlenraum bis 100 lernte. «63, 64, 65... Mist, jetzt bin ich rausgekommen!» flüsterte sie und begann von neuem, halblaut die elektrischen Kerzen an dem inzwischen erleuchteten Tannenbaum zu zählen.

Der Chor probte die Tonlagen der einzelnen Stimmen, auch im Kirchenraum war es inzwischen unruhig geworden. Bänke und Gänge füllten sich mit festlich gekleideten Menschen.

Endlich setzte die Orgel ein, und der feierliche Gottesdienst begann. Unser Sohn kniete als kleinster Meßdiener mit hochroten Ohren an seinem Platz. Der Pfarrer sprach, daß es aus den Lautsprechern dröhnte, vom Stern und Licht und wünschte uns helle und frohe Weihnachten. Wie immer sangen wir voll Freude: «Heiligste Nacht! Heiligste Nacht! Finsternis weichet, es strahlet hienieden lieblich und prächtig vom Himmel ein Licht...» Tatsächlich erstrahlte jede Glühbirne unter der hohen Kirchendecke. Nur die Krippe blieb ausgespart von diesem Licht, schien unberührt von Glanz und Jubel.

Dafür herrschte im Altarraum dichtes Gedränge, und es war unser Sohn, der in seinem Übereifer plötzlich aus der Reihe scherte, stolperte und all die Verkabelungen, die zwischen den Weihnachtsbäumen am Boden ausgelegt waren, aus der Verankerung riß. Das hatte einen totalen Kurzschluß zur Folge und setzte die gesamte Elektroanlage außer Betrieb. «Du Trottel!» herrschte ihn der Pfarrer an, nicht ahnend, daß sein Mikrofon zu dem Zeitpunkt den Geist noch nicht aufgegeben hatte. Kirchenchor und Orchester setzten gerade zum «Stille Nacht, heilige Nacht...» an, als die Lampen und Verstärker ausfielen. Sogar die Orgel verstummte. Die Sänger stockten, der Dirigent schaute ratlos, doch nur für einen kurzen Augenblick. Denn die Gläubigen begannen, zunächst zögernd und vereinzelt, dann mit voller Kraft zu singen: «... alles schläft, einsam wacht...»

Es flackerten nur noch die Kerzen am Altar, und die Leuchter auf den Stufen ließen das warme Licht des fernen Sterns ahnen. Jetzt erst konnten wir im Schein von Josefs Laterne die Krippe richtig erkennen, Ochs und Esel als düstere Gestalten wahrnehmen. Der schwebende Engel lächelte tröstend, und das Kerzenfeuer, um das sich die Hirten scharten, warf einen milden Schein auf die Gesichter der feiernden Menschen. Alle hörten aufmerksam die Worte der Schrift.

Gern rutschten wir noch näher zusammen, als sich unser Sohn im roten Meßdienerrock verschämt zu uns in die Bank drängte.

Gabriele Benninghoven
Erinnerungen an die Kindheit

Barbara Lohoven ordnete ein kleines Tablett: Tasse, Tellerchen, Kandisdose und Gebäckschale. Das Teewasser begann sprudelnd zu kochen, die Kanne wurde gefüllt, und das Aroma eines guten Tees durchzog den Raum. Mit dem Tablett stieg sie die Treppe hinauf. Im Erker war bereits der Tisch mit einer hübschen Weihnachtsdecke belegt, sie stellte alles zurecht – den Tee auf ein Stövchen – und zündete die Kerzen am Adventskranz an. Während sie den Tee in die Tasse gab, breitete sich ein Gefühl des Behagens in ihr aus, das sie immer dann fühlte, wenn sie in diesem Raum am Fenster saß. Vor Jahren hatte sie sich den Erker an das Zimmer anbauen lassen, um dem Fenster näher zu sein. Ein Platz am Fenster war für sie immer etwas sehr Schönes gewesen – lag es an ihrer Kindheit? Während sie einen Schluck Tee nahm, wanderten ihre Gedanken zurück. Mit der Mutter hatte sie immer am Fenster gesessen und auf die Heimkehr des Vaters gewartet, vornehmlich in der Herbst- und Winterzeit, wenn es draußen früh dunkel wurde. Die Mutter hatte dann erzählt: Märchen, Geschichten und natürlich besonders schöne Geschichten zur Weihnachtszeit. Vom Nikolaus, dem Knecht Ruprecht und die Lieblingsgeschichte war die von der Heiligen Barbara, nach der sie ihren Namen hatte. Sie kam bereits am 4. Dezember, zwei Tage vor dem Nikolaus, und weil sie so zart war und nicht soviel tragen konnte, gab es von ihr auch immer nur ein paar Plätzchen in die Schuhe, so erzählte die Mutter. Sie erinnerte, daß diese Geschichte auch in einem Bilderbuch stand. Dort waren die zu sehen, die in der Vorweihnachtszeit die Kinder besuchten: allen voran St. Martin, der am 11. November kam, auf dem Schimmel ritt und seinen Mantel mit dem Bettler teilte, auch er vergaß nie, den Kindern etwas mitzubringen, einen Weckmann, wie man hier im Rheinland sagte. Dahinter Barbara, sie hatte nur ein paar Plätzchen in ihrer Schürze, und sehr irritierend fand es ihre kleine Namensschwester damals, daß sie trotz des Schnees mit bloßen Füßen lief, allerdings trug sie ihre Schuhe in der Hand, vom weiten Weg waren die Füßchen sicher wund. Dann kam Nikolaus auf dem Eselchen, was mit Packtaschen behangen war, und nebenbei lief Knecht Ruprecht mit zwei Säcken – einem gefüllten für die braven Kinder, einem leeren, um eventuell die bösen Kinder mitzunehmen – und natürlich die Rute in der Hand. Bei diesem Anblick lief immer ein Schauer über den kleinen Rücken – man wußte ja nie! Versöhnt war sie dann wieder, wenn aus den Wolken das Christkind auf die kleine Gruppe schaute, sicher rief es ihnen die Zeilen aus dem Gedicht zu, das Barbara ebenfalls von der Mutter kannte: «Knecht Ruprecht», rief es, «alter Gesell, heb die Beine und spute dich schnell – – –» Wenn der Vater dann kam, war es fast eine unwillkommene Unterbrechung, obwohl dann die Kerzen am Adventskranz angezündet wurden, es Kaffee oder Tee und Schokolade gab und gesungen wurde auch. Aber die Stunden mit der Mutter am Fenster waren halt die allerschönsten in dieser an sich so schönen und aufregenden Zeit. Jeden Tag gab es etwas, was zu bestaunen war: einmal lagen ein paar Lamettafädchen auf dem Boden, ein anderes Mal ein zerbrochener Keks, dann wieder ein bißchen Engelshaar – «das Weihnachtsenglein, das dem Christkind hilft, ist dieses Jahr scheinbar sehr zerstreut», meinte dann die Mutter. Ja, und dann auf einmal war Hannelore weg und auch Peterle – wo mochten ihre beiden Puppenlieblinge sein? Die Mutter «wußte» es auch nicht, ebensowenig, wo die Möbelchen aus dem Puppenhaus waren, die alle schon ein bißchen ramponiert aussahen? Dann kam die Oma für ein paar Tage und machte mit Barbara weite Spaziergänge im Schloßpark – immer wenn sie nach Hause kamen, duftete es so herrlich, aber zu sehen war nichts. Die Spannung stieg von Tag zu Tag, wenn wieder einmal die Gaslaternen vor dem Haus angingen, sagte die Mutter wohl: «Noch zwei Tage» oder wie viele es noch waren. Außerdem konnte man es auch am Adventskalender sehen – Weihnachten rückte immer näher. Die geliebten Großeltern kamen, Tante Elisabeth auch – die Familie war komplett. Die Türen zum Wohnzimmer waren geschlossen, die Glastür verhängt, es raschelte geheimnisvoll, die Spannung stieg von Minute zu Minute. Endlich dann läutete das Glöckchen – einmal, zweimal, dreimal, und es öffnete sich die Tür zum Weihnachtszimmer. Die Bescherung aber begann noch nicht, erst wurde gesungen. Die alten schönen Weihnachtslieder, die die Familie auswendig wußte, alle Strophen, da war der Vater unerbittlich. Immerhin – man konnte schon einmal umherblicken, aber unter den weißen Tüchern zeichneten sich nur Umrisse ab – was mochte wohl darunter sein? Und das war dann der schönste Moment – Wiedersehen mit den Puppen, neu und hübsch angezogen, die Möbelchen waren auch wieder frisch und hatten sich wundersam vermehrt, allerlei Kleines und Schönes gab es noch – Kinderseligkeit. Barbara hatte die Tasse neu gefüllt, draußen hatte es sacht zu schneien begonnen. Sie lehnte sich in den Sessel zurück, die Gedanken wanderten zur Mutter, längst im Tode voraufgegangen – ihr verdankte sie die Erinnerung an diese seligen Kinderweihnachten, die heute noch – Jahrzehnte später –, selber schon eine alte Frau und Großmutter, in ihr fortlebte, so, als sei das alles gestern gewesen.

Glücklich, wer solche Erinnerungen hatte, die – nach Jean Paul – «das einzige Paradies sind, aus dem wir nicht vertrieben werden können».

Gerda Brömel

Meine Freundin Christa

Dies ist eine weihnachtliche Geschichte, auch wenn es anfangs nicht danach aussieht. Aber ich werde schon noch erzählen, was die Erinnerung an meine Freundin Christa mit der Adventszeit zu tun hat.

Das alles liegt viele Jahre zurück, um genau zu sein, ich spreche vom Kriegsjahr 1940. Die Sommerferien dauerten ewig. Wegen der ständigen Fliegeralarme waren meine Freundinnen Elke und Frauke von ihren Eltern bei Verwandten auf dem Lande untergebracht worden. Mit den kleineren Kindern aus unserer Straße hatte ich keine Lust zu spielen, denn ich war immerhin schon acht. Ich langweilte mich unsäglich, saß auf der Schaukel, ohne zu schaukeln, oder ich stellte meinen Kinderstuhl vor den Kaninchenstall und beobachtete stundenlang die Tiere, die genauso stumpfsinnig wie ich herumhockten. Es kann sein, daß ich damals sogar die nächtlichen Fliegeralarme als willkommene Abwechslung betrachtete.

Christa war ein Geschenk des Himmels. Eines Tages klingelte sie an unserer Haustür, lächelte mich an und sagte: «Ich heiße Christa. Wir sind neu in der Straße. Wollen wir Freundinnen sein?»

Das war unglaublich! Ein Mädchen wagte so genau zu sagen, was es wollte? Vom ersten Augenblick an bewunderte ich sie vorbehaltlos. Sie unterschied sich so völlig von uns. Allein schon ihre dunkelbraunen Haare! Wir anderen Kinder waren alle von einem nicht eindeutigen, faden Blond. Bei ihr ringelten sich die Schwänze unterhalb der Zopfspangen zu hübschen Locken, während sie bei mir wie abgenutzte Rasierpinsel aussahen. Sie sprach anders als wir – sie kam aus Dresden – und gebrauchte dabei mühelos schwierige Erwachsenenwörter. Und sie hatte braune Augen! Das empfanden wir damals als etwas ganz Ungewöhnliches. Braune Augen lügen, hieß es unter uns Kindern. Aber das war natürlich, bevor Christa auftauchte.

Wenn es sich auch nur um ein knappes Jahr handelte, bis sie mit ihren Eltern wieder fortzog, kann ich die Zeit mit ihr nie vergessen. Ich hatte bisher nicht besonders gern mit Puppen gespielt, doch Christa ging mit ihnen um, als wären sie lebendig. Sie besaß zwei Puppen – mit Zöpfen! –, eine blonde und eine braune. Die konnten stehen und hatten sogar Schuhe und Strümpfe an! Christa lieh mir die braune, und wir spielten mit ihnen immer wieder das Märchen von Schneeweißchen und Rosenrot.

Sie war ein Einzelkind und fühlte sich in unserer großen Familie offenbar wohl. Zu der Zeit haßte ich es, mit den Eltern und Geschwistern in den Pachtgarten zu gehen. Christa fragte, ob sie mitdürfe, und plötzlich war alles ganz anders. Wir spielten dort Wochenmarkt und bauten Marktstände im Puppenmaßstab auf: Ausgepahlte Erbsen waren Äpfel, Grashalme Porree, grüne Bohnen Gurken und kleine Steine Kartoffeln. Das Schlimmste war für mich immer gewesen, den schäbigen alten Blockwagen den halbstündigen Fußweg nach Hause zu ziehen. Christa überlegte nur kurz, dann schlug sie vor: «Wir spielen Erntedankfest!»

Vater packte den riesigen Kürbis, die Kartoffeln und Tomaten in den Wagen, und meine Freundin pflückte einen Armvoll Spätsommerblumen, die sie zwischen das Gemüse steckte. Danach knotete sie die Ranken einer weißblühenden Ackerwinde an den Enden zusammen und legte sie mir als Kranz aufs Haar. Mir war es etwas peinlich, so durch die

Stadt zu gehen, aber Christa erklärte: «Die Leute müssen doch sehen, daß wir einen Festwagen ziehen!»

Meine Freundin besaß tatsächlich eine lebhafte Phantasie, und sie war es auch, die um die Weihnachtszeit auf eine ungewöhnliche Idee kam. Wir beide spielten gern mit unseren Stallkaninchen, und sie half mir oft, das Futter für die Tiere zu suchen.

«Ich bin ganz traurig», sagte sie eines Tages, «daß die Kaninchen so gar nichts von der schönen Adventszeit haben! Alle feiern und sind fröhlich, daß der Herr Jesus Christus bald Geburtstag hat» (ja, so sprach sie wirklich!), «und die Tiere können sich nicht einmal an einem Adventskranz erfreuen!»

In jenem Jahr hatten wir drei Ställe, in denen die zusätzliche Fleischration für unsere Familie gehalten wurde. Wir beschlossen, ausnahmslos allen Tieren eine Weihnachtsfreude zu bereiten, auch dem weißen Bock mit den roten Augen, den ich nicht leiden mochte. Als wir dann allerdings an die Ausführung unserer guten Tat gingen, erwies es sich als ziemlich mühselig, die Tannenzweige zu passenden kleinen Kränzen zu biegen und zusammenzubinden. Doch wir malten uns dabei die Freude der armen Kaninchen aus, und dann schafften wir es. Zum Schluß verzierten wir unsere Arbeiten noch mit winzigen roten Schleifen. Leider mußten wir schweren Herzens darauf verzichten, Kerzen aufzustecken – aber würden sie nicht auch so merken, daß der Heiligabend naht?

Endlich waren alle Vorbereitungen erledigt. Mit einer Heftzwecke befestigten wir in jedem Stall einen wunderschönen Kaninchenadventskranz. Klopfenden Herzens blickten Christa und ich abwartend durch den Draht der wieder geschlossenen Stalltüren. Und *wie* die Tiere sich freuten! Jedenfalls anfangs. Neugierig hoppelten sie zu dem Grün in der Stallecke und begannen, ausgiebig daran zu schnuppern. Doch gleich darauf rannten sie wie vom Teufel gejagt im engen Stall herum! Ja... hätten wir denn damit rechnen müssen, daß sie so gar keinen Sinn für weihnachtliches Brauchtum haben, sondern immer nur ans Fressen denken? Enttäuscht und etwas gekränkt nahmen wir die Kränze wieder heraus.

Wie versprochen, ist dies doch noch eine weihnachtliche Geschichte geworden, und inzwischen versteht man wohl auch, warum ich in der Adventszeit immer an meine Freundin Christa denken muß.

Ingrid Gallus

Der Bezugsschein

Es ist Winter. Genauer gesagt, Dezember 1946, vormittags, kurz nach halb zwölf. Der Ort, in dem unsere Geschichte spielt, ist ein kleiner Marktflecken im Allgäu, und wir befinden uns auf dem Marktplatz, der zu dieser Tageszeit ziemlich verträumt – um nicht zu sagen verschlafen – wirkt. Dabei gibt es durchaus ein paar Sehenswürdigkeiten hier.

Gleich im Vordergrund das Rathaus mit dem Kuppeltürmchen und dem Wappen am Balkon – der Ach im grünen Feld –, woraus sich auch der Ortsname des Marktfleckens ableitet. Den Westgiebel des Rathauses schmückt ein Sgraffito, das zum einen die Übergabe der Markturkunde im Jahre 1485 durch Kaiser Friedrich III. an den Marschall von Pappenheim darstellt, damals ein sehr wichtiges Dokument! Zum anderen zeigt es, wie bewaffnete Bauern Wasser und Erde prüfen, bevor sie das Land an der «grünen Ach» in Besitz nehmen.

Links vom Rathaus hat die evangelisch-reformierte Kirche samt Pfarrhaus ihren Platz; ehemals ein Spital und Armenhaus, das auch durchreisende «Pilgrime» beherbergte, eine Stiftung des Ritters Ludwig von Rotenstein aus dem Jahre 1479.

Hoch oben vom Stiftsberg grüßt die katholische Kirche St. Philippus und Jakobus herab, eine schmucke Dorfkirche, 1136 auf den Resten einer Welfenburg erbaut und im Laufe der Jahrhunderte mehrmals um- und angebaut. Daher auch der romanisch-gotisch-spätgotisch-barockneugotische «Stilsalat».

Das ehemalige Chorherrenstift und jetzige Pfarrhaus neben der Kirche kann gleichfalls auf eine bewegte Geschichte zurückblicken.

Außerdem gibt es noch das große Schloß, ebenfalls aus dem 12. Jahrhundert, das schon von weitem auf sich aufmerksam macht. Der ganze Bau wirkt seltsam trapezförmig; denn Ritter Heinrich von Rotenstein hatte die Schloßmauer auf der Ostseite um einen Felsen herumbauen lassen.

Das kleine Schlößle unten im Dorf mit den vier runden Ecktürmen ist ein paar hundert Jahre jünger und diente den Pappenheimern als Witwensitz.

Der ganze Marktflecken aber ist eingebettet in die sanfte Hügellandschaft des Unterallgäus. Im Sommer grasen auf den saftigen Wiesen am Dorfrand die braunen Kühe, die für diese Gegend so typisch sind. Dann ist die Luft erfüllt vom friedlichen Gebimmel ihrer Glocken. Jetzt allerdings tragen Zäune und Dächer weiße Schneehäubchen, und der Wald sieht wie verzuckert aus.

Aber kehren wir auf den Marktplatz zurück. Gerade kommt ein kleines Mädchen im «Hüpfschritt» das Rathaus entlang. Auf dem Rücken trägt es einen schwarzen Schulranzen, und die beiden Tafelläppchen, die seitlich an einer bunten Kordel herabbaumeln, hüpfen lustig mit. Griffelkasten und Schiefertafel klappern den Takt dazu.

Vor der Treppe am Eingang des Rathauses bleibt das kleine Mädchen kurz stehen und wirft einen flüchtigen Blick auf die «Bilder» am Giebel. Gewöhnlich interessieren es die fremdartigen Gestalten dort sehr; aber heute hat es etwas anderes vor. Etwas ganz, ganz Wichtiges! Mit aller Kraft stemmt es sich nun gegen die schwere Rathaustür – kaum reichen die Hände bis zur Klinke – und müht sich... und müht sich... drückt und schiebt mit dem ganzen kleinen Körper. Schließlich gibt die Tür nach, so, als wäre sie erstaunt über soviel zähe Ausdauer und Willenskraft dieser kleinen Person.

Das Kind steigt nun zielstrebig in den ersten Stock hinauf und tritt in ein helles Amtszimmer ein. Dort warten schon etliche Männer und Frauen in einer langen Reihe. Manche halten ein Formular in der Hand; aber alle starren gelangweilt vor sich hin. Vorne verhandelt die Dame am Schalter mit einem Bäuerlein, das einen reichlich penetranten Stallgeruch verströmt. Der Qualm seiner billigen Zigarre stinkt zwar dagegen an; aber der Stallgeruch ist stärker... Die umstehenden Leute scheint das nicht zu stören; sie duften ähnlich. Die Kleine reiht sich hinten in die Schlange ein. Niemand kümmert sich um sie. Interessiert schaut sie sich um und entdeckt einen wintermüden dicken Brummer, der partout durch die Fensterscheibe fliegen will. Gespannt verfolgt sie dieses aussichtslose Unterfangen. Und während sie, immer mit dem Blick auf den einfältigen Brummer, langsam im Windschatten der Großen in Richtung Schalter vorrückt, haben wir Muße, sie etwas genauer zu betrachten.

Schön ist sie nicht gerade zu nennen, mit den dünnen Steckenbeinchen, der Zahnlücke, der Kartoffelnase und den furchtbar feinen blonden Haaren, die mit einem Kamm zu einer sogenannten Rolle aufgesteckt sind. Das rechte Ohr guckt vorwitzig durch die «Schnittlauchlocken» hindurch. Manchmal ziert diese Haartracht noch eine riesige Schleife, die auf der «Rolle» sitzt wie ein Propeller. Die Kleine kann übrigens ihre Frisur, die die Mutti so schön findet, überhaupt nicht leiden; denn bei den diversen Baum- und Zaunbesteigungen, die täglich anfallen, und vor allem bei den «Zirkusvorführungen» gerät die Rolle nur allzuschnell ins Rutschen; und dann gibt es «Schimpfe» von der Oma, die völlig verständnislos fragt: «Wo bist'n wieder a so rumgeprescht???» Dabei müßte sie doch wissen, daß das Kind intensiv für den Zirkus übt. Seit der kleine Wanderzirkus im Frühjahr hier auf dem Marktplatz gastierte, hat es nämlich nur einen Wunsch, d. h., es sind eigentlich zwei: Erstens möchte es «Sonja» heißen wie das Zirkuskind, und zweitens will es im nächsten Jahr, wenn der Zirkus wieder in den kleinen Ort kommt, unbedingt mitreisen. Brücke, Purzelbäume und Kopfstand kann es schon. Aber natürlich muß es noch viel, viel üben, bis es zirkusreif ist. Daß dabei die Frisur etwas in Unordnung gerät, ist wohl verständlich. Auch so manches Röckchen oder Höschen bekam schon etwas ab – und anschließend gab es eines auf den Po. Denn der Vati ist streng. Sehr, sehr streng! Am liebsten hätte das kleine Mädchen deshalb eine richtige Lederhose mit einem Edelweiß an den Trägern wie Schachenmayers Uli. Aber dafür haben die Eltern kein Geld, sagen sie. Genausowenig wie für die Ballettstunden, die es so heiß ersehnt. Aber das Kind ist erfinderisch. Es hat aus Omas Kleiderschrank heimlich einen feinen Batistunterrock «geborgt», einen weißen mit kunstvoller Stickerei. Die Oma trägt ihn ja sowieso nie. Allerdings mußte er mittels einer Schere erst noch «passend» gemacht werden. Aber das weiß die Oma ja nicht... Mit den Heckenrosen, die das Kind mit großen Stichen an das fertige «Ballettröckchen» genäht hat, gleicht es beinahe Tschaikowskys Dornröschen, wenn es auf der Wiese hinter dem Haus sein selbsterdachtes Ballett tanzt.

Das Auffallendste aber an der kleinen Person sind die Augen. Große, dunkle, sehr wache Augen, die das ganze Gesichtchen beherrschen. Seit September geht sie schon zur Schule. Und von dort kommt sie auch gerade her.

Jetzt wird sie aber doch etwas zappelig. Die Fliege liegt nach mehreren vergeblichen Versuchen, doch noch durch die Scheibe zu kommen, erschöpft auf dem Rücken und rührt sich nicht mehr. Sie ist uninteressant geworden. Und die

Menschenschlange schiebt sich so furchtbar langsam weiter. – – Nun drängelt sich ein Mann auch noch dazwischen und nimmt ganz selbstverständlich den Platz vor dem Kind ein, nach dem Motto: Kinder können warten. Kinder haben Zeit! Sie muß aber pünktlich zu Hause sein. Sicher wartet die Mutti schon mit dem Essen auf sie; denn sie hat ja schließlich von ihrer «Aktion Rathaus» nichts erzählt. Zu wichtig erschien ihr dieser Plan! Und man weiß ja außerdem nie, wie die Erwachsenen auf solch geniale Einfälle reagieren... Der Nachhauseweg ist für einen Erstkläßler halt doch ziemlich weit. Die Familie wohnt oben am Berg, dort, wo der Weg zum Schloß hinaufführt, in einem riesengroßen, sehr alten Haus mit dicken Mauern, einem unheimlichen Kellergewölbe und einem «Plumpsklo mit Windspülung», das dem kleinen Mädchen immer noch angst macht – obwohl es doch schon seit fast einem Jahr hier lebt – weil es so ein großes Loch hat und schrecklich tief hinuntergeht. Fast 300 Jahre alt ist das ehemalige Amtshaus des Marschalls Philipp von Rotenstein, der einst die Reformation in diese Gegend brachte. Jetzt hängt eine Holztafel an der Haustür mit der Aufschrift:

BAYERISCHE LANDPOLIZEI
BEZIRKSVERWALTUNG SCHWABEN

Und Vati ist hier der Chef der Polizisten. Dann gehört noch die Mutti zur Familie, die Oma und ein Bruder, nur eineinhalb Jahre älter, aber auch eineinhalb Köpfe größer als die Schwester und ziemlich dominant. Immer will er alles bestimmen! Weil sich das kleine Mädchen aber absolut nichts gefallen läßt, hat es schon so manchen Kampf zwischen den beiden gegeben. Das ist auf die Dauer – wie man zugeben muß – recht anstrengend. Aus diesem Grund möchte das kleine Mädchen gerne noch ein Schwesterchen haben. So ein niedliches Baby, das man wie eine Puppe liebhaben und spazierenfahren könnte – und das nicht immer alles besser wissen will wie dieser große Bruder. Erst kürzlich durfte es mit der Mutti zusammen ein neugeborenes Baby in der Nachbarschaft bewundern und war voller Begeisterung. Solch ein putziges Schwesterchen zu haben, ja, das wäre schön! Aber ach, die Eltern haben *dafür* sicher auch wieder *kein Geld*! Traurig läßt das Kind den Kopf hängen. Aber nicht sehr lange; denn schon kommt ihm eine prächtige Idee: Voriges Jahr hatte es sich vom Christkind ein Puppenbettchen gewünscht – und bekommen. Es würde sich das Schwesterchen ganz einfach zu *Weihnachten* wünschen. Dann *mußte es* ja klappen!

Als es dann aber abends beim Gute-Nacht-Sagen diesen Weihnachtswunsch vorbringt, werfen sich die Eltern so einen komischen Blick zu, und dann sagt der Vati nur knapp: «Wir haben doch gar keinen Bezugsschein. Du weißt doch, daß man heutzutage für alles einen Bezugsschein braucht!» Und damit ist die Sache für ihn erledigt...

Nicht so für seine kleine Tochter! Nachdem die erste Enttäuschung überwunden ist, beschließt *die* nämlich, nunmehr diese Angelegenheit selbst in die Hand zu nehmen, genauso wie im letzten Sommer das Problem mit dem Turnverein. Damals wollte sie unbedingt mitturnen, obwohl Kinder nur ab dem sechsten Lebensjahr aufgenommen wurden, und sie war doch erst fünf. Die Eltern hatten versucht, sie auf «nächstes Jahr» zu vertrösten, aber damit war sie ganz und gar nicht einverstanden gewesen. Jetzt wollte sie turnen, jetzt gleich! Also «überfiel» sie den armen Turnlehrer und führte ihm alles vor, was sie an Turnübungen schon konnte: Purzelbaum vor- und rückwärts, einen – zugegeben! – recht wackeligen Handstand an die Wand und ein windschiefes Rad... Als dies alles aber nicht den gewünschten Eindruck auf den gestrengen Herrn machte, gebrauchte sie ihre großen Kulleraugen als Waffe, worauf sein Widerstand dahinschmolz wie Butter in der Sonne... Nun darf sie als jüngstes aktives Mitglied des Vereins mitturnen. ––

Wo es Bezugsscheine gibt, weiß sie. Sie hat schon einmal mit der Mutti einen geholt. Es dauerte damals noch ziemlich lange, bis aufgrund dieses merkwürdigen Scheines ein Paar Schuhe gekauft werden konnte. Darum ist in dieser Angelegenheit mit dem kleinen Schwesterchen absolut keine Zeit mehr zu verlieren, wenn es noch rechtzeitig bis Weihnachten ankommen soll! Und deshalb ist sie heute hierher ins Rathaus gekommen.

Inzwischen ist die Schlange weitergerückt, und das kleine Mädchen steht endlich vor dem Schalter. Obwohl es sich ganz hoch auf die Zehenspitzen stellt, reicht es gerade mit der Nasenspitze über den Schalterrand. Die korpulente Dame auf der anderen Seite hebt zuerst ein wenig erstaunt die Augenbrauen in die Höhe und anschließend das wohlgepolsterte Hinterteil vom Drehstuhl, um diesen Winzling mit den großen Kulleraugen genauer ins Visier zu nehmen. Dann säuselt sie gönnerhaft: «Ja, Kloine, was willsch nochert du?» Das Kind erinnert sich gerade noch rechtzeitig, daß die Mutti immer sagt, ein wohlerzogenes Kind müsse laut und deutlich antworten, wenn Erwachsene etwas fragen, und so schmettert es sein Anliegen förmlich in den Raum: «Ich möchte bitte einen Bezugsschein für ein Baby!»

Auf die nun folgende Reaktion ist das kleine Mädchen allerdings nicht vorbereitet! Die Dame am Schalter plumpst auf den Stuhl zurück und lacht und lacht... Lacht, daß ihr die Tränen kommen. Auch die übrigen Leute, die noch im Schalterraum hinter dem Mädchen warten, benehmen sich höchst merkwürdig. Ein Mann klatscht sich andauernd auf den Schenkel und prustet ein ums andere Mal: «Sakra, sakra! Ja, do legst di nieder!» Das kleine Mädchen guckt verstört in die Runde. Es kann sich diesen Heiterkeitsausbruch einfach nicht erklären. Was ist denn daran so lächerlich, wenn man einen Bezugsschein abholen möchte???

Wäre ihm damals schon Saint-Exupéry ein Begriff gewesen, so hätte es ganz sicher mit dem «Kleinen Prinzen» gesagt: Die großen Leute sind entschieden ganz ungewöhnlich...

Schließlich beruhigt sich die Schalterdame wieder, und nachdem sie umständlich ihre Brille geputzt hat, wobei es in ihrem mächtigen Busen noch verdächtig gluckst, kruschtelt sie in einer der vielen geheimnisvollen Schubladen herum. Das Kind verfolgt jede ihrer Bewegungen gespannt mit den Augen. Endlich hat die Dame gefunden, was sie suchte, und reicht dem Kind ein hellgrünes Formular mit den Worten: «Do hosch dein Bezugschei für a Bäbie!»... Und dann fängt sie schon wieder an zu kichern. Und der Schenkelklatscher gluckst: «Du, Föhl, gib des Formular aber deim Vatt'r, verschtosch! Sonscht nutzt des frei nix!» – – – Eine neue Heiterkeitswelle brandet auf. Aber das hört die Kleine schon nicht mehr. Überglücklich preßt sie das kostbare Papier – was immer es auch gewesen sein mag – an sich und rennt schnurstracks nach Hause. – – –

Wie der «Bezugsschein» dort aufgenommen wurde, ist leider nicht überliefert. Fest steht jedoch, daß irgend etwas damit schiefgegangen sein muß! Denn die Lieferzeit war wirklich ungebührlich lang...

Erst *zwei Jahre* später, *zehn* Tage *nach* Weihnachten, konnte der Bezugsschein endlich eingelöst werden! Und dann noch nicht einmal richtig! Statt der beantragten kleinen Schwester kam nämlich ein Brüderchen. Furchtbar häßlich war es außerdem! So ganz ohne Haare... und schrumpelig...! Am liebsten hätte das kleine Mädchen es wieder umgetauscht. Selbst der große Bruder war ausnahmsweise mal der gleichen Meinung. Aber die Krankenschwester hatte gesagt, das ging leider nicht... Wie gesagt, irgend etwas war da schiefgelaufen...

Möglich ist allerdings auch, daß der Vati den wertvollen Bezugsschein damals nicht sofort und vor allen Dingen nicht sorgfältig genug ausgefüllt hat! Vielleicht hatte er ihn ja sogar verlegt und konnte deshalb das wichtige und absolut notwendige Dokument erst viel später im Rathaus abgeben...! Und man weiß ja, wie langsam die Behörden arbeiten...

Dagmar C. Walter

Der Adventskalender

Wer kennt ihn nicht, den Satz: «Hätte ich doch bloß ja gesagt!» Eine Selbstkritik, ein Zweifeln an dem eigenen Mut, eine Situation, in der sich sicher jeder schon einmal befunden hat. Doch sie gehört zu den Erfahrungen, die unausweichlich auf dem langen, mühsamen Weg der Reife liegt. Sie kann nur überwunden werden, wenn man sie durchlebt und Nutzen aus ihr zieht.

Manchmal bereitet ein verkehrtes Wort zu einem falschen Zeitpunkt besonders nachhaltigen Kummer. Jugendliche sind diesen Schicksalsschlägen in sehr intensiver Form ausgesetzt. Sie suchen ihren Weg, orientieren sich neu und prallen dabei vor allem bei den Eltern gegen einen Wall von Erfahrungen, die deren jahrelanges Wachstum schon vergessen haben.

Das Weihnachtsfest und die damit verbundenen Traditionen bieten ein weites Feld von Fragen und Zweifeln. Scheinbar kann man etwas wirklich nur richtig lieben lernen, wenn man sich vorübergehend von ihm getrennt hat.

So bedeutet das Abnabeln vom Elternhaus wohl auch, sich von ihren Bräuchen zu distanzieren. Der Umbruch in der Pubertät, die Suche nach der eigenen Identität, schlägt Kapriolen, wenn man der Kindheit den Rücken kehren will.

Auch mein Sohn Jens war dieser Phase seit geraumer Zeit ausgesetzt. Er durchlebte sie in einer besonderen Intensität, weil er seit einigen Monaten in einem Internat wohnte. Da mir die Trennung von ihm zu schaffen machte, wollte ich ihm für die Adventszeit ein wenig Liebe und Geborgenheit von seiner Familie mitgeben. Natürlich nahm der ewig hungrige, pubertierende Jugendliche meine selbstgebackenen Plätzchen dankbar an.

Doch bei meinem, mit tiefen Gedanken und gründlichen

Überlegungen, zusammengestellten Adventskalender verhielt es sich anders. Am ersten Advent suchte ich verzweifelt nach einem Platz in seinem Internatszimmer, das er mit einem anderen Jugendlichen teilt. Die Farbe der Wände ließ sich nur in schmalen Streifen erahnen, so beklebt und behangen von Postern und Bildern präsentierte sich mir sein Wohn- und Schlafbereich.

Und in diese neue Geborgenheit ließ er mich nicht eindringen. Wo ich den Adventskalender hinhängen könnte? Na, in den Schrank, wo sonst! Er wollte kein Poster abnehmen, oder unter einem kindlichen Anhängsel verstecken, und ich wollte meine Zuneigung nicht von ihm in einem Schrank verschließen und aufbewahren lassen. Jahrelang hatte er seinen Adventskalender geliebt. Ich verstand die Welt nicht mehr.

Stur und unseren Zwängen unterworfen, zogen wir einen Schlußstrich unter die Vergangenheit. Jens unter seine Kindheit und ich unter meine umsorgende und umschließende Mutterrolle.

Dann sollte er eben auf die Gutscheine für Kino, Spaßbad und selbstgewähltes Essen verzichten. Auch das Taschenbuch, die Batterien und die Süßigkeiten konnte er sich ebensogut von seinem Taschengeld kaufen.

Sicher spielten ein wenig Enttäuschung und Verletztsein eine Rolle in meiner Entscheidung, den Adventskalender wieder mitzunehmen. Erst nach den Tränen auf dem Rückweg kamen die Fragen und Zweifel. Er hatte mir nicht gesagt, daß er keinen Adventskalender mehr wollte, weil er sich eigentlich einen wünschte, aber er schämte sich seiner Gefühle vor dem Zimmernachbarn.

Ich hatte auch seinen Nikolausstrumpf mitgenommen. Doch diesen bekam Jens dann einige Tage später zu Hause.

Ich brauchte diese Zeit, um mich mit der neuen Situation anzufreunden. Plötzlich ahnte ich, warum er die Bilder seiner Familie in seiner Schublade aufbewahrt hatte. Ich hätte ihre Rahmen sparen können, sie waren zerbrochen.

Nie wieder würde er seine Gefühle durch mich rahmen lassen, wenn überhaupt, würde er irgendwann seine Rahmen selber wählen. Jens befand sich auf der Suche nach seiner Identität. Er mußte auf seinem Weg Hindernisse überwinden, von denen ich nicht die geringste Ahnung hatte.

Wie in der Schule keiner als Streber bezeichnet werden möchte, so will sicher keiner der Jugendlichen während der Weihnachtszeit für andere noch als Kind gelten. Obwohl man in jungen Jahren das Weihnachtsfest von seiner schönsten Seite, nämlich der geheimnisvollen, kennen- und liebengelernt hat, verleugnet man diese Seite des Festes als Jugendlicher. Erst der Erwachsene ist wieder stolz darauf, sich etwas «Kindliches» bewahrt zu haben.

Aber gerade dadurch, daß wir uns in unserem Wachstum ständig Zwängen von irgendwelchen Menschen und Gruppen unterwerfen, belasten wir unser Weihnachtsfest mit so vielen Sehnsüchten. Zu Hause in den eigenen vier Wänden leben wir sie aus, nach außen zeigen wir Reife, die gar keine ist.

Auch Jens mußte diesen Weg gehen. Wie weit er noch von irgendeinem seiner Ziele entfernt war, zeigte er mir dann doch.

Zu Beginn des Heiligabends wollte er unbedingt in unserem Bett mit uns kuscheln. Kindliche Freude und Spannung ließen ihn in diesen Momenten seine Erwartungen an sich selber, die er meinte vor anderen erfüllen zu müssen, vergessen. Er hatte ein Gedicht gelernt und hoffte es ohne Fehler aufsagen zu können. Damit zeigte er mir, daß er keine Änderung des Ablaufes unseres Heiligabends wollte.

Und ich ging darauf ein, denn sicherlich war die Adventszeit ohne Kalender für ihn schon Änderung genug gewesen.

Aufmerksam lauschte Jens der Weihnachtsgeschichte, und laut sang er dann mit uns die traditionellen Weihnachtslieder. Wenn er früher die Bescherung kaum abwarten konnte, so war ihm in diesem Jahr unsere Heiligabendtradition das erste Mal wichtig.

Ich fühlte, daß Weihnachten auch ein Stück Geborgenheit und Liebe im Kreis der eigenen Familie bedeutet.

Nach diesem Weihnachtsfest bin ich mir sicher, daß Jens als Erwachsener, wie ich, dieses Stück Kindheit um die Weihnachtszeit in Erwartungen an seine Kinder wieder auf- und weiterleben wird.

Dagmar C. Walter

Die Botschaft

Immer wenn mich Weihnacht ruft,
wieder mein Hort wärmt aus Kindertagen,
wieder mein Herz wiegt in sanften Farben,
dann muß ich tiefer schauen und fragen.

Meine Seele schwingt zurück,
bis wo vor vielen vergessenen Jahren
die Liebe und ihr ehrlicher Traum
mir verwandt und meine Wahrheit waren.

Meine Seele sucht den Ort,
fühlt den Schein und möcht Hoffnung geben.
Verwandelt und jung kehrt sie zurück
und mahnt mich. Werd ich die Botschaft leben?

Kurt Mielke

Das Steckenpferd

In dem alten Kinderweihnachtslied «Morgen, Kinder, wird's was geben» singen wir mit einer Zeile: «Wißt ihr noch vom vor'gen Jahr, wie's am Weihnachtsabend war?»

Oft aber gehen, an den Advents- und Weihnachtstagen, die Erinnerungen «Jahrzehnte» zurück.

Meine Erinnerung: mehr als ein halbes Jahrhundert.

Es war Weihnachten 1943. Ich war damals ein Junge von knapp fünf Jahren. Es war das letzte Weihnachtsfest, das wir in unserer ostpreußischen Heimat feierten. Im darauffolgenden Jahr ging die Kriegswalze über dieses Land, und Flucht und Vertreibung ließen die Heimat in eine Ferne tauchen, die der «Eiserne Vorhang» als unerreichbar besiegelte.

Wie ein Geschenk müssen wir es ansehen, daß nun, nach mehr als 45 Jahren, Grenzen gefallen sind und man das Land seiner Kindheit wieder besuchen kann. Ich bin jetzt schon oft dort gewesen und russische Menschen, die jetzt dort wohnen, sind mir zu Freunden geworden.

Zurück aber zum Weihnachtsfest 1943, in Pillupönen Kreis Stallupönen.

In unserer Region bescherte nicht der Weihnachtsmann am Heiligabend, sondern es kam das Christkind.

Still und unerkannt legte es in der Nacht zum 1. Weihnachtstag Geschenke unter den Tannenbaum.

Als ich am Weihnachtsmorgen erwachte, fiel mein erster Blick auf den Tannenbaum, und unter ihm stand das von mir so sehnlich gewünschte Steckenpferd.

Ich war voller Glückseligkeit! –

Wenn ich heute daran denke, dann habe ich diese Situation eines «Kinderglücks» noch vor Augen.

Die glitzernden Kugeln und leuchtenden Kerzen am Baum verzauberten dieses Glück ins unendliche.

Weihnachten zu Hause! –

Schön, daß einem niemand diese Erinnerung rauben kann.

Als wir dann im Herbst 1944 die Heimat verlassen mußten, konnte ich mein Steckenpferdchen nicht mitnehmen, weil andere Dinge – so sagte Mutter – wichtiger waren. Es sind dann viele Tränen geflossen.

Fünf Jahrzehnte sind darüber vergangen! –

Vor ca. 20 Jahren habe ich schon einmal Freunden davon erzählt. Als dann mein Geburtstag folgte, stand an meinem Geburtstagstisch ein Steckenpferd. Sie hatten sich diese schöne Idee einfallen lassen.

Wieder war es für mich das schönste Geschenk, weil damit soviel kindliche Erinnerung verbunden war.

Im Treppenhaus meines Pfarrhauses steht nun das «neue Steckenpferd», und es erinnert daran, daß man auch einmal Kind war, mit kindlichen Hoffnungen und Wünschen.

Als ich im Jahr 1990 das erste Mal wieder in der Heimat weilte und auch in unserer alten Wohnung war, erinnerte ich mich an Weihnachten des Jahres 1943.

Ich sah in Gedanken den Christbaum in der Ecke des Zimmers stehen und darunter auch mein über alles geliebtes Steckenpferd.

Elfriede Junker

«... und bring uns schöne Sachen»

Mein Elternhaus steht im Bayerischen Wald. Dort bin ich geboren und aufgewachsen. Das Weihnachtsfest war mein liebstes Fest, und ein bißchen von dieser Liebe ist bis heute geblieben. Diese karge, unwirtliche Gegend mit ihren wilden Schneestürmen und den weiten, verschneiten Hochwäldern war wie geschaffen für das Weihnachtsfest. Sie bildete eine wunderbare Kulisse dafür. Unsere Weihnachten waren immer karg wie die Gegend, aber von demselben Zauber wie die verschneiten Wälder. Nur einmal hat mich meine Schwester mit vielen, vielen Geschenken ganz schön aus dem Häuschen gebracht.

Doch jetzt hübsch der Reihe nach.

Ich sehe sie noch vor mir, unsere Stube. Sie war niedrig und fast quadratisch. Als Kind fand ich, sie sähe aus wie eine Torte, obwohl doch Torten rund und süß sind. Rund und süß war unsere Stube nicht, sie war, wie alles im Bayerischen Wald, eher schlicht. Im Winter, besonders im Advent, wurde sie auf geheimnisvolle Weise lebendig. Wenn der eisige Sturm den Schnee pfeifend um die Hausecken jagte, umhüllte uns die Stube wie ein wärmender Mantel. Unser kleiner Ofen sorgte für mollige Wärme. Er stand weit im Raum, hatte ein langes, weiß gestrichenes Ofenrohr und gab seine heimelig-bulligen Geräusche ab. Allmählich «wuchsen» die Fensterscheiben zu Dreiecken zu, der Wind hatte eine Hälfte mit Schnee vollgeblasen. Mit leuchtenden Augen gingen meine Schwester und ich von Fenster zu Fenster und schauten fasziniert in das wilde Treiben. Nun begann die stillste Zeit im Jahr. Schon bald durften wir die Wunschzettel schreiben und dem Christkind ans Fenster legen.

Die Fenster konnten auch wunderschön verziert sein. Verlor der Sturm seine Kraft, und ließ der glasklare Frost die Schneedecke knacken, rankten kristallzarte Eisblumen auf den Fensterscheiben. Kein noch so begnadeter Glasschleifer hätte solch filigrane Kostbarkeiten auf ein Glas zaubern können, wie die Eisblumen es waren. Ich malte gerne und versuchte, sie auf Papier festzuhalten. Aber kam ich ihnen zu nahe, schmolzen sie unter meinem warmen Atem. Die Eisblumen! Sie waren wie das Fest, von einem Zauber, dem man sich nur behutsam nähern durfte. Zu großer Neugier entwanden sich beide.

Wenn die allzufrühen Nachtschatten das Licht des Tages auffraßen, warf der Ofen gespenstische Lichtzeichen in die Stube. Bald huschte ein heller, roter Schein über die Wand und dann wieder über den Boden. Diese Lichtzeichen entfalteten meine kindliche Phantasie. In die lautlose, warme Stille, in der nur der Ofen das Sagen hatte, blühten mir schöne Weihnachtsbilder. In Gedanken ging ich mit Maria und Josef durch Bethlehem und war traurig darüber, daß nirgends Platz für sie war. Es konnte aber auch sein, daß ich mich mächtig darauf freute, bald mit Mutter Plätzchen backen zu dürfen.

Besonders gern hatte ich es, wenn Vater am Nachmittag in die Werkstatt zog. Da blieb der Ofen in der Stube kalt. Dafür entfaltete sein Kollege in der Werkstatt den heimelig-bulligen Ton. Auch Mutter zog mit in die Werkstatt, das Strickzeug in den Händen. Die Scheite im Ofen knackten, und die Hobelspäne kräuselten sich unter Vaters Hobel. Papa ging dem Christkind zur Hand. Seine geschickten Hände fertigten einen Schlitten, ein Schaukelpferd oder anderes Spielzeug. Trotzdem brauchte Vater keine Angst zu haben, sich mit seiner Arbeit zu verraten. Ich saß ja unter der Hobelbank und wartete, bis die Späne zu einem großen Berg anwuchsen. Sie dufteten nach Holz und Harz und hatten Form und Farbe von Engelshaaren. Von einem stämmigen Engel natürlich! Und wer hatte schon einen ganzen Berg Spielzeug! Es war nicht schwer, die Engelslocken zu immer neuen Figuren zu formen. Meist beendete die viel zu früh einbrechende Dunkelheit das Spiel, das mir die Wangen glühend rot färbte.

Wir zündeten die Karbidlampe an. In unserer Gegend gab es damals noch kein elektrisches Licht. Ich war schon zwölf Jahre alt, als man damit begann, elektrische Leitungen zu legen. Die Karbidlampe mochte ich, vor allem, wenn die Flamme bläulich hell aus ihr herausschoß. Da konnte sie alle Dunkelheit vertreiben. Aber schon bald drehte Vater den Wasserhahn der Lampe fast zu. Dann entwickelte sich wenig

Gas, und die Flamme war dementsprechend klein. So ließ sich Karbid sparen.

Meine Eltern schickten uns früh zu Bett. Mutter brauchte diese Zeit, um einen schönen Pullover oder warme Strümpfe oder eine bunte Mütze zu stricken, je nachdem, was wir gerade nötig hatten. Vater besserte Spielzeug aus oder brachte fast fertiges zu Ende. Fast fertigem Spielzeug in unserem Beisein den letzten Schliff zu verpassen, hätte ihn wahrscheinlich doch verraten. Wir gingen blitzschnell zu Bett. Als Kleinkind durfte ich in der warmen Stube auf dem Sofa schlafen. Später teilten meine Schwester und ich uns ein Zimmer. An den Wänden glitzerte der Frost. Wir achteten darauf, daß die klamme Seite des Oberbettes nach außen kam. Doch die Kälte sorgte für guten Schlaf. Wohl kam es vor, daß wir schon halb im Schlaf das feine Läuten eines Glöckchens vernahmen. Hellwach davon rief mich meine Schwester. Aber auch ich hatte das Glöckchen gehört. Wir hielten fast den Atem an, um das Christkind nur ja nicht zu vertreiben. Manchmal fanden wir am Morgen auch einen Lamettafaden in der Stube. Dann konnten wir gar nicht schnell genug zur Mutter kommen, ihr den kostbaren Fund zu zeigen.

An den Adventssonntagen durften wir schon früh mit zur Kirche. Mama packte uns, so gut es ging, warm ein, und hinaus ging es in den eben erst anbrechenden, noch dunklen Tag. Natürlich mußte auch das Wetter mitspielen. Es durfte nicht viel Neuschnee gefallen sein. Aber wir genossen es, wenn es unterwegs schneite. Es machte Spaß, auf den weichen Flaum zu treten. Wir freuten uns über die dicht fallenden Flocken und fingen sie mit den Handschuhen. Schon bald glichen wir wandernden Schneemännern. Der Schnee legte sich um die Schuhe. Wir durchpflügten ihn. Aber unsere Schuhe waren nicht besonders gut. Allmählich froren Füße und Hände und begannen weh zu tun. Dann war es gut, die hellerleuchteten Kirchenfenster zu sehen. Mit dem Glockenschlag trat der Priester aus der Sakristei, und brausend setzte die Orgel ein. Weihrauch stieg empor und durchflutete die Kirche. Der Chor begann zu singen, und die Kirchenbesucher fielen in die altbekannten adventlichen Lieder ein. Auch wir sangen mit. Es war, als wären wir für kurze Zeit der Erdenschwere enthoben. Doch lange ließen das meine Hände und Füße nicht zu. Sie schmerzten jämmerlich. Wieder zu Hause, verwöhnte uns Mutter mit heißem Kakao, und Vater holte das Märchenbuch. Manchmal konnten wir Papa sogar dazu bewegen, *zwei* Märchen vorzulesen.

Auch die Natur wurde immer weihnachtlicher. Im Garten ächzten die Bäume unter der schweren Schneelast, aber sie waren wunderschön. Wir mußten sie manchmal abschütteln, damit die weiße Pracht nicht die Äste abdrückte. Der Wald sah aus, als stände er voll lauter Weihnachtsbäumen. Verzaubert lag das Land in eine dicke Schneedecke gehüllt. An frostklaren Tagen stieg die Sonne hoch empor. Ihre Strahlen brachen sich auf dem glitzernden Weiß und flirrten in vielen Fünkchen darüber hin. Kurz vor dem Fest stapfte Papa in den nahen Wald, den Christbaum zu holen. Selbst dieser kurze Weg von ca. 25 m konnte mühsam werden. Es kam vor, daß Vater bei jedem Schritt tief einsackte. Wie gut war es, wenn Papa sich schon im Herbst ein Bäumchen ausgeguckt hatte. Er brauchte es jetzt nurmehr zu holen, ohne im hohen Schnee suchen zu müssen. Vater legte das vereiste Bäumchen in den Flur, damit es abtauen konnte. Schon jetzt schlich ich manchmal ehrfürchtig um den Baum. Er war wie eine Verheißung, und ich wollte mich wohl der Verheißung vergewissern.

Größer geworden wußte ich um die liebevollen Schwindeleien, der Zauber des Festes blieb. Waren meine Schwester und ich doch jetzt genauso eifrig mit Weihnachtsüberraschungen beschäftigt wie unsere Eltern. Das Christkind hatte zwei Mitarbeiter mehr.

In einem Jahr hatte ich im Advent ein Problem. Es ging um das Adventsopfer.

Spontan fielen mir meine Wollstrümpfe ein. Sie waren aus

Schafwolle und selbst gestrickt... Diese Strümpfe bissen, kratzten und juckten. Ich brauchte eine halbe Stunde, sie hochzuziehen, denn diese Prozedur schaffte ich nur Zentimeter für Zentimeter. Statt mich zu erwärmen, jagten mir meine Wollstrümpfe einen kalten Schauer über den Rücken. – War es vielleicht ein Opfer, sie mit einem Ruck anzuziehen? Eine Überwindung war das allemal, aber für wen sollte sie gut sein? Wer hatte Freude daran? Nicht einmal für ein richtiges Opfer waren diese scheußlichen Dinger gut!

So nahm ich mir vor, werktags öfter das Rorate zu besuchen. Das tat ich aber gern. Von Opfer konnte also auch hier keine Rede sein. Trotzdem hoffte ich, damit «mein Herz zum Tempel zu bereiten», wie es im Lied «Macht hoch die Tür, die Tor macht weit» heißt.

Diese Weihnachten waren es auch, in denen mich meine Schwester völlig aus dem Häuschen brachte.

Meine Schwester war während der Woche nicht mehr zu Hause. Sie besuchte eine Nähschule in Passau und konnte nur noch zum Wochenende nach Hause fahren. Ich freute mich sehr, wenn meine Schwester Rosemarie kam. Mutter und ich holten sie jeden Samstagmittag vom Bus ab und brachten sie am Montagmorgen wieder zur Bushaltestelle. Rosemarie hatte schrecklich Heimweh. Schon am Sonntagnachmittag wurde sie immer stiller und an der Bushaltestelle hatte sie schwer mit den Tränen zu kämpfen. An einem Adventssonntag fragte mich meine Schwester nun, was ich mir denn zu Weihnachten wünsche. Spontan antwortete ich: «Weiche, warme Strümpfe.» Diese hatte ich mir auch schon von meiner Mutter erbeten. So hoffte ich, daß wenigstens von einer Seite dieser Wunsch erfüllt würde. Rosemarie ging aber nicht darauf ein, sie wollte noch mehr Wünsche hören. Damit schwand auch die Hoffnung, von ihr Strümpfe zu bekommen.

Der Heilige Abend kam.

Meine Schwester hatte einen ganzen Arm voller Geschenke für mich. Sie hörten, so empfand ich, gar nicht mehr auf. Hier standen für jeden von uns urige Pantoffeln. Die Sohle bestand aus einem geflochtenen Strohzopf, zu einer Schuhsohle gelegt und fest miteinander vernäht. Diese Pantoffeln gefielen mir besonders gut. Es fand sich aber auch ein Schlafanzug aus warmem Flanell. Ich freute mich darauf, ihn noch am Heiligen Abend anziehen zu können. Da lagen ein Federmäppchen, Max und Moritz waren daraufgenäht, und eine Geldbörse. Als letztes Geschenk sah ich ein zauberhaftes Blüschen. Alle diese Geschenke hatte meine Schwester in der Nähschule angefertigt. – Ich konnte soviel Freude kaum fassen und merkte noch gar nicht, daß die weichen Strümpfe fehlten. Sie fehlten auch nicht! Denn jetzt legte mir Mama ein Paket in den Arm, das sich mollig weich anfühlte. Ich wußte sofort, es waren die Strümpfe.

Ich war selig. So reich wurde ich noch nie beschenkt. Und ich hoffte sehr, daß auch meine Eltern und meine Schwester frohe Weihnachten erlebten, obwohl ihre Geschenke nicht so zahlreich ausfielen.

Michael Walter
Die Eisdame

«Junge, setz dich doch bitte!»
«Ich kann nicht.»
«Was hindert dich?»
«Ich bin zu sehr beschäftigt.»
«Soll das heißen, daß du dich noch nicht einmal zum Teetrinken setzen kannst?»
«Genau, Tante Nadine.»
«Ja, bist du des Wahnsinns? Du setzt dich anständig hin und legst jetzt eine Pause ein!»

«Dann werde ich meine Arbeit nie schaffen.»

Tante Nadine sah mich erstaunt an.

«Es macht mich ganz kribbelig, wie du mit deinen Kräften umgehst, weißt du das? Du gehst nämlich überhaupt nicht gut mit ihnen um.»

«Ja, ich weiß. Aber wenn ich daran denke, was ich vor Weihnachten alles noch schaffen muß, bekomme ich einen richtigen Druck im Magen.»

«Peter, ich mache mir Sorgen um dich. Ich habe das Gefühl, du übernimmst dich. Wenn ich dich nicht immer bremsen würde, würdest du dich eines Tages kaputtmachen.»

«Tante Nadine, mir sind meine Studien sehr wichtig.»

«Ich kann dich ja verstehen, aber du solltest mit deinen Kräften wirklich besser haushalten. Komm, setz dich, trink eine Tasse Tee mit mir, dann sieht die Welt gleich ganz anders aus.»

Um meine Tante nicht noch mehr zu verärgern, legte ich die Arbeit beiseite. Sie hatte in der Zwischenzeit ihren kleinen Tisch gedeckt.

«Eigentlich habe ich doch die ganze Zeit gesessen.»

«Ja. Weißt du, was für dich gut wäre? Ein Spaziergang. Nur – bei dem Regen ist das unmöglich.»

Ich verbrachte die Adventswochen bei meiner Tante, die in der herrlichen Altstadt Bremens wohnte. Damit war ich dem Rat meiner Eltern gefolgt, die der Meinung waren, Tante Nadine hätte – was den Umgang mit meinen Kräften betraf – großen Einfluß auf mich.

Nun, das war sicher nicht der einzige Grund. Tante Nadine hatte die ganze Familie eingeladen, das Weihnachtsfest in ihrem Haus zu verbringen. Und da sah sie es natürlich auch gern, wenn ich ihr bei den Vorbereitungen ein wenig zur Hand ging. Der «Rest» der Familie, d. h. meine Eltern, meine Schwester, mein Onkel (Tante Nadines Mann) und Großmutter, würde erst am Heiligabend eintreffen.

Bis dahin war ich also mit meiner Tante allein, was auch einige Probleme mit sich brachte. Tante Nadine war eine große, schlanke, blonde Frau, Mitte Fünfzig. Ich war einige Zentimeter kleiner, Mitte Zwanzig und nach Tante Nadines Meinung zu dünn. Doch waren es nicht nur die Äußerlichkeiten; wir unterschieden uns auch oft in unseren Ansichten, die meinen Ehrgeiz und mein Studium betrafen. Ein Leben ohne Arbeit, ja auch nur ein Tag, ohne irgend etwas Produktives zu tun, war ein Alptraum für mich. So fiel es mir schwer, am Feierabend die nötige Entspannung zu finden, die jeder Mensch braucht, um am nächsten Tag wieder produktiv sein zu können.

Ich war nie mit dem zufrieden, was ich am Tag schaffte. Es war mir zuwenig, nicht gut genug...

Diese Gedanken gingen mir während der Sekunden durch den Kopf, als ich meine Arbeit beiseite legte und mich zu Tante Nadine an den kleinen Teetisch setzte.

«So! Ich sitze. Und jetzt?»

«... wirst du mit mir ein Teechen trinken und ein wenig Schumann hören.»

«Deinen Lieblingskomponisten?»

«Ja, meinen Lieblingskomponisten.»

«Ich weiß nicht, ich kann mit Schumanns Musik nicht soviel anfangen.»

«Eines Tages wirst du das können. Da bin ich ganz sicher. Seine Musik klingt für mich so, als wäre sie nicht von dieser Welt, sondern käme aus anderen Sphären.»

«Genauso empfinde ich es auch.»

«Dann bist du ja schon auf dem Weg, ihn zu verstehen.»

«Apropos andere Sphären, du erzählst doch so gern Geschichten, Tante Nadine.»

«Ja.»

«Kennst du vielleicht Sagen hier aus Bremen?»

«Ja, ‹Die Bremer Stadtmusikanten›. Das ist die einzige Bremer Sage, die ich kenne.»

«Nein, so etwas meine ich nicht. Ich kann es nur schwer erklären. Schade, irgendwie hat Deutschland in dieser Hinsicht kein richtiges Kulturgut.»

«Moment, habe ich mich da eben verhört, oder behauptest du allen Ernstes, Deutschland hätte kein schriftstellerisches Kulturgut?»

«Nein...»

«Denke doch mal an Goethe, die Gebrüder Grimm, Lessing oder Bettina von Arnim zum Beispiel.»

«Tante Nadine, so habe ich das nicht gemeint. Ich denke mehr an Insider-Sagen.»

«Insider-Sagen?» Tante Nadine mußte lachen. «Jetzt mußt du mir mal erklären, was das ist. So etwas habe ich ja noch nie gehört.»

«Das ist ganz einfach: In England, zum Beispiel, hat doch jede Stadt, jedes Dorf, ja, fast jedes Haus mindestens einen Geist oder eine Geistergeschichte. Kennst du nicht auch so eine Geschichte aus Bremen?»

«Ja, jetzt weiß ich, was du mit Insider-Sage meinst. Du, sag mal, möchtest du Rum in deinen Tee?»

«Nein, danke.»

«Komm, ein kleiner Schluck schadet uns nicht.»

«Nein, ich möchte nicht.»

«Na gut. Aber wenn du einen haben willst, sagst du Bescheid – ja?»

«Ja.»

«Na, dann will ich mal überlegen, ob mir eine Insider-Sage für dich einfällt. – Möchtest du noch einen Keks?»

«Nicht ablenken.»

«Nein, ich überlege dabei. – Ja, mir fällt eine Geschichte ein. Es gibt tatsächlich eine Sage, die wir nur hier in Bremen kennen.» Tante Nadine machte eine Kunstpause und sah mich dabei geheimnisvoll an. «Hast du schon einmal von der Eisprinzessin gehört?»

«Nein. Das hört sich so nach Eiskunstlauf an.»

«Ja, auf den Gedanken könnte man kommen. Die Eisprinzessin, die ich meine, ist allerdings eine Fee.»
«Eine Fee?»
«Ja, und eine sehr eitle dazu. Normalerweise ist sie eine ganz gewöhnliche Weihnachtsfee. Aber sie ist so von ihrer Schönheit überzeugt, daß sie sich Eisprinzessin nennt.»
«Warum Eisprinzessin?»
«Es heißt, daß alles, was sie berührt, zu Eis erstarrt. Aber das ist noch nicht alles. Die Eisprinzessin tut etwas, das nicht gerade prinzessinnenhaft ist; weswegen die Bremer sie auch nur Eisdame oder Eisfee nennen. Sie... Nein, ich will anders anfangen. Du hast sicher schon davon gehört, daß auf der ganzen Welt – laut Statistik – jedes Jahr eine bestimmte Anzahl Menschen verschwindet. Viele kehren zurück oder werden gefunden – einige verschwinden dagegen spurlos!»
«Ich weiß. Es gibt ja im Fernsehen Suchaktionen.»
«Das ist richtig. Aber es gibt von diesen wenigen spurlos Verschwundenen etliche, die nie wieder auftauchen. Und nichts, aber auch gar nichts weist darauf hin, daß sie einem Gewaltverbrechen zum Opfer gefallen sind. Sie bleiben wie vom Erdboden verschluckt, als hätte es sie nie gegeben. Was für die Gesamtbevölkerung der Erde gilt, gilt auch für den einzelnen Kontinent Europa, auf dem wir leben, gilt auch für unser kleines Deutschland, gilt auch für die Stadt Bremen. Ja, auch hier in Bremen verschwinden Menschen. Und davon verschwindet ein ganz geringer Prozentsatz für immer. In diesem Prozentsatz sind natürlich Frauen, Männer und Kinder enthalten. Und wenn wir nun weiter die Männer aus diesem Prozentsatz herausfiltern...»
«... bleibt nicht mehr viel übrig, schätze ich.»
«Du machst dich über mich lustig.»
«Nein, ich verstehe nur nicht, was das mit der Eisprinzessin zu tun hat.»
«Mit der *Eisdame*.»
«Na gut, dann mit der Eisdame.»

«Dazu komme ich jetzt. Also hier in Bremen erzählt man sich hinter vorgehaltener Hand, daß in jedem Jahr ein junger Mann aus der Stadt verschwindet und daß dafür die Eisdame verantwortlich ist.»

«Puh! Das ist ja ein Ding.»

«Sie zieht die Männer in ihr Reich.»

«Und wie nimmt die Eisdame Kontakt mit den Männern auf?»

«Ja, das ist eine gute Frage.» Tante Nadine lächelte hintergründig und nahm einen Schluck Tee. Erst nachdem sie die Tasse wieder abgesetzt hatte, fuhr sie fort. «Ich erzählte schon, daß die Eisdame sehr eitel ist. Sie liebt Spiegel über alles. Nun hat die Menschen schon vor Jahrhunderten die Frage beschäftigt: ‹Was liegt eigentlich wirklich hinter einem Spiegel?› Weißt du es?»

«Nein. Ich weiß nur, daß man Spiegel immer als Dimensionstore zwischen der diesseitigen und der jenseitigen Welt angesehen hat.»

«Ja. Das ist richtig. Und hinter allen Bremer Spiegeln liegt das Reich der Eisfee. Wenigstens in der Weihnachtszeit. – Sag mal, Peter, möchtest du jetzt nicht doch einen Schuß Rum in deinen Tee haben?»

«Nein, danke. Ich wollte heute eigentlich noch etwas arbeiten.»

«Ah, so. Jedenfalls ist die Eisdame unendlich schlau. Sie bleibt zunächst unsichtbar, schaut sich unter dem männlichen Geschlecht um, bis sie ihr Opfer gefunden hat. Dann beginnt sie mit der Kontaktaufnahme. Meist erscheint sie einem Mann, wenn er gerade vor einem Spiegel steht; beim Rasieren oder Krawattebinden. Aber – und das ist das Gefährliche an ihr – sie begnügt sich nicht mit Spiegeln. Es gibt zahlreiche, glatte Flächen, die spiegeln. Fensterscheiben, Eßbesteck, silberne Kerzenhalter, Gläser, CD-Hüllen, ja sogar Tee.»

«Daran habe ich noch gar nicht gedacht. Aber wenn jemand vor einem Spiegel steht, und es taucht eine Frau auf, die da gar nicht hingehört, muß er doch merken, daß das nicht mit rechten Dingen zugeht.»

«Im Prinzip ja. Die Eisdame soll jedoch so schön sein, daß sie ihr Opfer augenblicklich all seiner Sinne beraubt.»

«Oh, oh! Also eine Falle, aus der es kein Entkommen gibt.»

«Ach, das würde ich nicht sagen. Es gibt Rettung; sogar dann, wenn die Eisdame ihr Opfer schon in ihr Reich gezogen hat. Gesetzt den Fall, die Angehörigen kennen die Sage und glauben auch daran.»

«Ah, ja. Natürlich.»

«Wenn dies der Fall ist, kann die Familie ihren Angehörigen genau zwölf Stunden vor Heiligabend aus dem eisigen Griff der Fee befreien; also am 23. Dezember um 12.00 Uhr mittags. Gelingt das nicht, läßt die Fee ihr Opfer zu Eis erstarren und reiht es in ihre Statuensammlung in ihrem Eispalast ein.»

«Und wie kann die Familie ihren Angehörigen befreien?»

«Das dürfen die Opfer nicht wissen.»

«Moment mal! Willst du damit sagen, daß ich ein Opfer...?»

«Risikogruppe.»

«Was?»

«Du gehörst zur Risikogruppe.»

«Na, toll.»

«Das ist großartig. Laß dich anschauen. Du bist ganz blaß geworden.» Tante Nadine amüsierte sich über mich. «Ist es mir wirklich gelungen, dich auf den Arm zu nehmen?»

«Weißt du was? Du bist so richtig gemein», sagte ich lachend.

«Wie hat dir meine Insider-Sage gefallen?»

«Sehr gut, Tante Nadine.»

«Sehr gut. Das freut mich.»

«Du weißt ja, ich liebe solche Geschichten.»

«Das weiß ich. So, ich nehme jetzt mal an, daß du keinen Rum in deinen Tee möchtest, sondern lieber etwas arbeiten.»
«Genau. Danke für die Pause, den Tee, die Musik und die Geschichte.»

In den folgenden Tagen nahm mich mein Studium so gefangen, daß ich an die Geschichte von der Eisdame nicht mehr dachte. Am 2. Advent sollte die Erinnerung daran durch ein unheimliches Erlebnis aus meinem Unterbewußtsein hervorgeholt werden.

Diesen Sonntag verbrachten wir nur mit schönen Dingen: Backen, Musikhören, Einkaufslistenschreiben und anderen Vorbereitungen für das Weihnachtsfest.

«Heute ist Sonntag und da wirst du nur Dinge für dich tun», hatte Tante Nadine gesagt.

Am Nachmittag bat sie mich dann ins Wohnzimmer, wo sie einen adventlichen Teetisch bereitet hatte. Aus dem Hintergrund bezauberten mich die Klänge von Joseph Haydns Orgelkonzerten. Sie verstand es, Adventsstimmung zu schaffen.

So weihnachtlich war mir schon lange nicht mehr gewesen.

Nach unserer Teestunde zog ich mich mit einem Buch, das ungewöhnliche Weihnachtsgeschichten beinhaltete, in einen Sessel zurück. Auch zum Lesen war ich lange nicht mehr gekommen. Ich genoß die Ruhe. Die Düfte von den Adventskerzen, dem Tee und dem Kuchen schwebten noch im Raum. Tante Nadine ließ mich allein; und so vertiefte ich mich in das Buch und vergaß alles um mich herum.

Weshalb ich plötzlich von den Zeilen aufblickte und weshalb ich ausgerechnet zu Tante Nadines Bücherschrank sah, weiß ich nicht mehr. Ich weiß nur noch, daß ich einen Schreck bekam, der mir tief in die Knochen fuhr.

Der Bücherschrank war ein altes englisches Möbelstück aus Mahagoni mit großen Glasscheiben, in denen sich jetzt die beiden Flämmchen der Adventskerzen spiegelten. Das war eigentlich ein sehr stimmungsvolles Bild. Aber mir fiel noch etwas auf. Oder täuschte ich mich? Ich sah ein zweites Mal hin. Was ich zu sehen glaubte, war immer noch da. Es war – ein Gesicht. Das Gesicht einer wunderschönen, jungen Frau; dunkel und verschwommen zwar, aber doch zu erkennen.

Das wollte ich mir genauer ansehen. Ich nahm all meinen Mut zusammen, legte das Weihnachtsbuch zur Seite und ging ganz langsam auf den Bücherschrank zu; die Glasscheibe, in der das Gesicht erschienen war, immer im Auge behaltend. Auch als ich näher trat, verschwand es nicht, und ich bekam auf erschreckende Weise die Gewißheit, daß ich nicht phantasierte. Natürlich fiel mir sofort wieder die Eisdame ein. Ich wollte nicht wahrhaben, daß es so etwas wirklich gab. «Das ist nur ein Trugbild», versuchte ich mir einzureden, aber es gelang mir nicht. Vorsichtig streckte ich eine Hand aus und berührte die Glasscheibe, als wolle ich das Trugbild wegwischen. Und wieder trat etwas ein, womit ich nicht gerechnet hatte: Die Scheibe hätte sich kalt anfühlen müssen; statt dessen berührten meine Fingerspitzen eine warme, ja heiße Fläche. Schnell zog ich meine Hand zurück. Täuschte ich mich oder hatten sich die Lippen des Gesichtes wirklich zu einem Lächeln verzogen?

Der Spuk verschwand so schnell, wie er gekommen war. Ohne Vorwarnung. Kein Rauch, kein Nebel war zu sehen. Das Gesicht löste sich einfach auf. Lautlos...

Ich stand da wie ein begossener Pudel. Ich wußte überhaupt nicht mehr, was ich machen sollte.

Und genauso einen Eindruck mußte ich auch auf Tante Nadine gemacht haben, die, von mir unbemerkt, das Wohnzimmer betreten hatte. «Peter! Was machst du denn da vor dem Schrank? Stimmt etwas nicht?»

«Nein, nein, es ist alles in Ordnung. Ich habe mir nur deine Bücher angesehen. Hast du die alle gelesen?»

«Das war doch eben eine Standardfrage. Du weißt genau,

daß ich die Bücher alle gelesen habe. Mit dir ist irgend etwas passiert. Das sehe ich dir doch an.»

«Da siehst du völlig falsch», log ich. «Also gut. Ich habe mir die Reflexe angesehen, die die Adventskerzen an die Glasscheibe werfen. Das ist einfach zauberhaft. Wunderschön...»

Tante Nadine sah mich lange an. Zu lange, wie ich fand. Deshalb wich ich ihrem Blick aus und fragte: «Kann ich dir irgendwas helfen?»

«Ach ja, deshalb bin ich überhaupt gekommen. Könntest du mir wohl den kleinen Gefallen tun und mir beim Aufhängen der Mistelzweige helfen?»

«Na, klar.»

«Das finde ich richtig lieb von dir.» Sie musterte mich mit besorgtem Blick. «Du, hör mal, wenn du irgendwelchen Kummer hast, von dem ich nichts weiß, kommst du zu mir und sagst es mir – ja? Versprich mir das bitte!»

«Ja, ich verspreche es.» Diese Worte gingen mir nicht leicht von den Lippen, denn den Kummer, den ich im Moment hatte, konnte ich meiner Tante unmöglich erzählen. Sie hätte mich auf der Stelle für verrückt erklärt. Ja, vielleicht hatte ich auch gar keinen Kummer. Möglicherweise war doch alles nur ein Trugbild meiner überarbeiteten Nerven gewesen. An diese Hoffnung klammerte ich mich, wie an einen Strohhalm.

Nur wenige Stunden später sollte mir dieser Strohhalm aus der Hand gleiten, wie meine Zahnbürste.

Ich stand im Badezimmer beim Zähneputzen, als ich im Spiegel vor mir das Gesicht zum zweiten Mal sah.

«Oh, nein! Das darf doch nicht wahr sein. Das gibt es nicht. Sag, daß das nicht wahr ist. Bitte, o Herr, sag, daß das nicht wahr ist», rief ich aus und hoffte dabei, daß mich niemand hörte.

Das Gesicht lächelte mich wieder an. Und nicht nur das: Zum ersten Mal sah ich eine ganze Gestalt; das heißt, einen in ein weißes Kleid gehüllten, schlanken Frauenkörper; schemenhaft, als bestünde er aus Nebel.

Die Frau, wer immer sie auch war, schien hinter mir zu stehen. Doch als ich mich umwandte, konnte ich nicht den geringsten Beweis ihrer Existenz entdecken. Als ich wieder in den Spiegel sah, war die Erscheinung verschwunden. Mir wurde kalt. Mein Blut schien wie Eiswasser durch meine Adern zu fließen.

«Hm, Eiswasser...» überlegte ich laut. «Eis...?!» Nun gab es für mich keinen Zweifel mehr: mir war die Eisdame erschienen. Und mich hatte sie sich als Opfer ausgesucht, ausgerechnet mich.

Ich brauchte eine Weile, diese Gewißheit zu verdauen. Es gab sie also, die Eisprinzessin. Ja, auch diesen Namen trug sie zu Recht.

Sie war schön, wie eine Prinzessin. Lange goldene Haare hatten ihre Schultern umwallt – und dieser Blick... Sie war das hübscheste, weibliche Wesen, das ich je auf Erden gesehen hatte. Aber das genau war ja der springende Punkt: sie war nicht von dieser Welt. So wie Schumanns Musik.

Nachdem ich realisiert hatte, was mir da widerfahren war, überlegte ich sofort, ob ich eine Chance hatte, der Fee zu entkommen. Wenn man am 23. Dezember um 12.00 Uhr mittags gerettet werden konnte, wie Tante Nadine sagte, ja, vielleicht verlor sie die Macht über mich, wenn ich es schaffte, ihr bis zu diesem Zeitpunkt zu trotzen. Das waren noch fast drei Wochen. Eine lange Zeit. Das Schlimme war, daß ich mich niemandem anvertrauen konnte. Es würde schwierig werden, mir vor Tante Nadine nichts anmerken zu lassen, die stets wie ein Luchs auf mich achtete.

Ja, das war nicht so einfach. Doch war es nicht immer schon mein größter Wunsch gewesen, einmal in meinem Leben als Schauspieler vor der Kamera zu stehen? Nun würde ich mein Talent, das ich immer schon in mir schlummernd glaubte, unter Beweis stellen können. Mit dem Unterschied, daß ich mich nicht in einem Fantasy-Film befand. Die Eisdame existierte wirklich. Doch meine Nummer vom Bücherschrank war kein guter Anfang gewesen. Da hatte ich mich mehr schlecht als recht aus der Affäre ziehen können. Wie also vorgehen?

Zuerst galt es, alle Gefühle auszuschalten, die einen unverheirateten Mann wie mich in bezug auf die Weiblichkeit überkommen konnten. Ich wollte nicht als Statue in einem Eispalast enden; mochte die Eisdame so schön sein, wie sie wollte. Ich würde mich zwingen, nur auf meinen Verstand zu hören und das Herz auszuschalten; wenigstens, solange ich sie sah.

Plötzlich riß mich ein Klopfen an die Badezimmertür aus meinen Gedanken.

«Peter, brauchst du noch lange?»

«Nein, ich bin fertig.» Ich beeilte mich, das Bad zu verlassen. «Entschuldige bitte, daß es so lange gedauert hat. Ich habe mich irgendwie verbummelt.»

«Das ist nicht schlimm. Du gehst jetzt schlafen?»

«Ja.»

«Dann laß mich dir wenigstens noch gute Nacht sagen. Gute Nacht, Peter. Schlaf gut. Du weißt, die Woche wird wieder anstrengend.»

«Gute Nacht, Tante Nadine.»

Ich lag noch lange wach. Bevor ich in den guten Schlaf fiel, den Tante Nadine mir wünschte, führte ich meine Gedanken weiter, wie ich der Eisdame widerstehen konnte. Von jetzt an hieß es, alle Flächen, die spiegelten, zu vermeiden; falls dies nicht möglich sein sollte, Augen zu; falls das nicht immer gehen sollte: Herz aus- und Kopf anschalten.

Doch so einfach wie ich mir das vorgestellt hatte, war es nicht.

Am folgenden Tag ging alles noch gut, aber am zweiten wuchs die Angst in mir. Denn die Eisdame ließ sich nicht überlisten. Sie erschien mir immer öfter, ja, sie verfolgte mich geradezu. Und außerdem: Man macht sich ja keine Vorstellungen, wie viele glatte Flächen es gibt, die spiegeln.

Ich fühlte mich hundeelend, fror, als hätte ich mir irgendwo eine Grippe eingefangen; aber ich gab nicht auf. Ich wollte der erste sein, der der Eisdame widerstand.

Natürlich entging mir nicht, daß mit meinem Neffen etwas nicht in Ordnung war. Er hatte sich seit dem 2. Advent wahnsinnig verändert. Auch wenn er es nicht wahrhaben will: es fiel mir auf. Er schlich mehr durch die Wohnung, als daß er ging. Mit seinen hochgezogenen Schultern und der leicht gebeugten Haltung machte er auf mich den Eindruck eines völlig verängstigten Menschen.

Wie gern hätte ich ihm geholfen. Doch wenn er nicht selbst zu mir kam... Wie sollte ich wissen, was ihn bedrückte, wenn er mir ständig aus dem Weg ging?

Ganz schlimm wurde es, als Tante Nadine mich ein paar Tage später fragte: «Sag mal, Peter, fändest du es schön, wenn ich dich heute auf eine Antiquitätenmesse mitnehmen würde? Die haben diesmal eine Sonderausstellung mit Silbergeschirr, und du interessierst dich doch so für silberne Teekannen.»

«Nein, danke. Das ist lieb von dir, Tante Nadine, aber ich kann nicht. Ich weiß nicht mehr, wie ich meine Arbeit schaffen soll. Und außerdem wollte ich heute endlich mal Weihnachtseinkäufe machen.»

«Ja. Du sagst immer nur, du kannst nicht. Wenn du geistig soviel arbeitest, wäre es dann nicht gerade gut für dich? Sieh mal, der Geist braucht auch Erholung. Es wird dir guttun, mal etwas anderes zu sehen. Denke doch nur an die schönen Silbersachen...»

«Um Himmels willen nein!!!»

«Peter?!»

«Entschuldige bitte. Ich – möchte nicht.» Meine Reaktion war zu heftig gewesen, ich weiß. Aber allein bei dem Wort Silber überkam mich Panik. Das bedeutete noch mehr Möglichkeiten für die Eisdame, mit mir in Kontakt zu treten.

«Du, sag mal, hast du vielleicht vergessen, ein Versprechen bei mir einzulösen?»

«Ein Versprechen?»

«Ja, das Versprechen, zu mir zu kommen, wenn dich irgend etwas bedrückt.»

«Ja, aber...»

«Peter! Ich sehe dir doch an, daß du Kummer hast. Du benimmst dich seit einigen Tagen wie ein Nervenbündel. Nein, du bist ein Nervenbündel. Ich kann das gar nicht mehr mit ansehen.»

Ich seufzte schwer. «Dann muß ich mich dir wohl anvertrauen. Ja. Auch wenn es mir sehr schwerfällt; ich schaffe es nicht mehr allein. Nur – müssen wir das jetzt gleich besprechen? Du wolltest doch zur Antiquitätenmesse, und ich wollte in die Stadt.»

«Es wäre besser, wir würden Antiquitätenmesse und Stadt vergessen und statt dessen versuchen, dein Problem zu lösen.»

«Bitte, Tante Nadine. Lieber heute nachmittag, wenn wir unsere Sachen erledigt haben.»

«Also gut. Ich bin einverstanden. Wie lange wird es bei dir dauern?»

«Ach, ich schätze so zwei Stunden.»

«Gut. Bei mir dauert es etwas länger. Aber es bleibt dabei: Wir müssen heute nachmittag mal über deine Sorgen sprechen. Vielleicht finden wir gemeinsam eine Lösung.»

«Danke.»

Als ich schwer bepackt nach Hause kam, hörte ich schon an der Wohnungstür Musik aus dem Wohnzimmer klingen. Zu meiner Überraschung fand ich Tante Nadine in ihrem Ohrensessel sitzen und der Musik lauschen.

«Tante Nadine, du bist schon zu Hause?»

«Wie du siehst.»

«Und du hörst das Geistertrio von Beethoven. Diesmal nicht Schumann?»

«Wie du hörst.»

«Ist irgendwas mit dir? Du bist so komisch.»

«Aber nein. Ich freue mich, daß du wieder da bist. Komm mal mit mir, ich möchte dir gern etwas zeigen.»

«Was denn?»

«Das wirst du gleich erfahren. Komm erst mal mit!»

«Wohin?»

«Auf den Flur. Genauer gesagt zum Spiegel...»

Ich weiß nicht mehr, was mich dazu veranlaßte, früher nach Hause zu kommen, als ich geplant hatte. Vielleicht war es eine dunkle Vorahnung? Ja, ich hatte ein höchst merkwürdiges Gefühl; schon seit Tagen. Ich versuchte zu rekonstruieren: Angefangen hatte es am 2. Advent. Und einige Tage davor hatte ich – Peter von der Eisdame erzählt! Daß sein Kummer mit dieser Sagengestalt zusammenhing, ahnte ich mehr, als daß ich es wußte. Doch an ihre Existenz wollte ich erst glauben, wenn ich sie selbst gesehen hatte. Und ich sah sie. Wie war sie doch hinterlistig. Sie war noch schlauer, als die Sagen, die sich um sie rankten, ausmalten. Eine innere Stimme veranlaßte mich dazu, die Wohnungstür so leise wie möglich aufzuschließen. Langsam drückte ich sie auf, und auch nur so weit, daß ich durch einen winzigen Spalt den ganzen Flur überblicken konnte. Was ich sah, erschreckte mich so sehr, daß ich Mühe hatte, meine Anwesenheit zu verbergen.

Ich sah meinen Neffen Peter vor dem Flurspiegel stehen; neben ihm eine Dame die – genauso aussah, wie ich...

Lange dauerte die Erscheinung nicht. Sie verschwand kurz darauf im Spiegel. Meinen Neffen nahm sie mit.

Nun stürmte ich in die Wohnung; gleich zum Spiegel. – Es war nichts zu sehen; nicht der geringste Beweis dafür, daß hier vor wenigen Sekunden eine Entführung stattgefunden hatte. Als ich den ersten Schock überwunden hatte, versuchte ich, die letzten Teile des Rätsels zusammenzusetzen.

Daß ich die Eisdame gesehen hatte, daran gab es keinen Zweifel mehr.

Nun rekonstruierte ich weiter: Wenn sich die Eisdame meinen Neffen als Opfer ausgesucht hatte, mußte sie ihm am 2. Advent zum ersten Mal erschienen sein. Dann hatte er es tatsächlich geschafft, ihr eineinhalb Wochen zu widerstehen. Als sie mit ihren weiblichen Reizen nicht an ihn herankommen konnte, griff sie zu einer hinterhältigen List: Sie erschien ihm in der Gestalt einer Person, der er vertraute. Sie nahm meine Gestalt an und die Falle schnappte zu.

Für mich gab es nur noch einen Gedanken: Ich mußte ihn da herausholen. Und ich wußte auch schon wie...

Am anderen Tag wurde ich durch ein Klopfen an meine Zimmertür geweckt. «Peter! Möchtest du denn gar nicht aufstehen? Es ist schon nach 12.00 Uhr.»

«Was? Ich komme!» Ich beeilte mich, wie ich mich noch nie in meinem Leben beeilt habe, und trat wenige Minuten später in Tante Nadines Küche.»

«Da bist du ja!» begrüßte sie mich. «Wie geht es dir denn?»

«Ach, ich habe schlecht geschlafen.»

«Ja? Warum?»

«Ich habe die ganze Nacht geträumt. So etwas Verrücktes. Ich habe geträumt, die Eisdame hätte sich mich als Opfer ausgesucht und schließlich in ihr Reich gezogen. Und du hast mich gerettet.»

Tante Nadine war ernst geworden. «Laß dich anschauen. Ein bißchen blaß, aber sonst hast du alles gut überstanden. Das heißt, zeig mal, du hast da was in den Augenbrauen.»

«In den Augen...»

«Nicht wegwischen! Das sind – Eiskristalle.»

Eine furchtbare Ahnung stieg in mir hoch. Tante Nadine war hinter mich getreten, legte mir eine Hand auf die Schulter und deutete ohne ein Wort zu sagen auf ihren Küchenkalender. Er zeigte den 23. Dezember an...

Ortfried Pörsel

Wie neugeboren

Zu keiner Zeit des Jahres ist das Bedürfnis nach Gemeinsamkeit in der Familie so groß wie zu Weihnachten, nicht zuletzt auch deshalb, weil die Heilige Familie im Mittelpunkt der Weihnachtsgeschichte steht.

Deshalb war Heinz mit Rita, seiner jungen Frau, am Heiligen Abend unterwegs zu seinem Vater. Der lebte hochbetagt seit einigen Jahren in einem Altenheim im Frankenwald. Heinz' Bruder studierte damals in Wien und wollte ebenfalls kommen, um die Weihnachtstage gemeinsam mit ihnen beim Vater zu verbringen. Wegen der unsicheren Wetter- und Straßenverhältnisse hatte Heinz vorsorglich Bescheid gegeben, Vater solle sich bei einer möglichen Verspätung keine Sorgen um sie machen.

Die Fahrt von Ratingen aus im VW-Käfer verlief zunächst recht zügig und ohne Schwierigkeiten. Über Würzburg und Bamberg erreichten sie die Autobahn Nürnberg – Hof. In der Nähe von Bayreuth verschlechterte sich das Wetter jedoch zusehends. Heftiger Wind kam auf. Schneefall setzte ein, so daß sie sich fragten, was sie wohl zum Ende der Fahrt auf der ansteigenden Strecke in höherer Lage erwarten würde. Vorsichtig fahrend hatten sie die Schiefe Ebene und Gefrees hinter sich gelassen und fuhren auf die Ausfahrt Münchberg zu.

Ein Schneepflug hatte dort den Neuschnee von der Fahrbahn zu einem meterhohen Randwall beiseite geschoben.

Sie fuhren bergauf und erreichten gerade eine Bergkuppe. Da packte eine Sturmböe das windempfindliche Fahrzeug. Gegensteuern half auf der glatten Schneedecke der Fahrbahn nicht. Der Wagen schlitterte unaufhaltsam gegen den Schneewall und rutschte mitsamt Schnee die hohe Böschung hinunter. Unten kippte er seitlich in eine Schneewehe. Darin blieb er stecken, eine Tür nach unten fest im Schnee versperrt, die andere nach oben, so daß der Schnee nur noch die Scheibe freigab.

Als Heinz und Rita sich vom ersten Schreck erholt hatten, merkten sie, daß sie außer einigen Prellungen den Unfall heil überstanden hatten. Heinz öffnete das Seitenfenster und zwängte sich ins Freie. Oben an der Autobahn hielten einige PKW, deren Fahrer den abdriftenden VW vor sich beobachtet hatten. Sie stapften durch den Schnee hinunter, um Erste Hilfe zu leisten. «Sind Sie verletzt?»

«Nein. Wir haben einen Schutzengel gehabt», antwortete Heinz.

«Das kann man wohl sagen!» stimmte der stämmige Helfer zu. «Da wollen wir mal anpacken.»

Sie halfen Rita mit vereinten Kräften durch die enge Öffnung aus dem Wagen. Dann stemmten sie sich gemeinsam gegen die Wagenseite und kippten den VW auf seine Räder. Die Delle, die er dabei bekam, stellte sich später als einzige Blessur heraus, die er bei dem Unfall abbekommen hatte.

Der andere Helfer versprach: «Ich verständige vom nächsten Autobahntelefon aus die Polizei.»

«Moment noch», bat Heinz. «Können Sie bitte meinen Bruder verständigen? Hier ist die Telefonnummer. Vielen Dank für Ihre Hilfe! Frohe Weihnachten!» Rita bekräftigte das.

«Frohe Weihnachten ebenfalls», kam es zurück. «Sie können echt froh sein, daß nicht mehr passiert ist.»

Heinz sicherte den Unfallort am Fahrbahnrand mit einer Blinkleuchte ab. Dann warteten sie auf die Polizei. Das dauerte einige Zeit. Weil sie froren, setzten sie sich ins Auto. Heinz suchte nach dem Kofferradio und stellte es an. Da tönte ihnen entgegen:

«Süßer die Glocken nie klingen als zu der Weihnachtszeit...»

Beide lachten. Ausgerechnet jetzt und ausgerechnet dieses Lied! Sie haben später noch oft davon erzählt.

Schließlich traf der Polizeiwagen ein, wenig später auch der Bruder. Er erkundigte sich nach dem Befinden und fuhr beruhigt zum Vater ins Altenheim, weil dort die Weihnachtsfeier begann. Vom Unfall sollte er nichts erwähnen, um ihm die Weihnachtsfreude nicht zu schmälern.

Nach nochmaligem Warten rückte die Hofer Feuerwehr mit einem Kranwagen an, um den VW wieder auf die Autobahn hinaufzuhieven und anschließend abzuschleppen. Als sein Auto oben auf dem Fahrstreifen stand, schlug Heinz vor:

«Ich will erst mal versuchen, ob der Motor noch anspringt.»

Der Fahrer lächelte zweifelnd, als Heinz ins Auto stieg. – Der Motor sprang tatsächlich an! Heinz und Rita lachten erleichtert, und der Kranwagenfahrer schüttelte ungläubig den Kopf!

«Das ist ja wie Weihnachten! Ich fahre vor Ihnen her. Diesmal bessere Fahrt! Frohes Fest!»

Rita und Heinz bedankten sich. Sie wünschten ihren Helfern einen ruhigen Abend. Dann setzten sie ihre Fahrt fort. Bei ihrer Ankunft war die Weihnachtsfeier im Altenheim vorüber und Vater zu Bett gegangen. Den Bruder trafen sie im Hotel, wo sie als langjährige Weihnachtsgäste schon sehnlichst erwartet wurden. Die Wirtsleute bereiteten ihnen einen Empfang, als wären beide neu zur Welt gekommen. Und so fühlten sie sich auch.

Mit Vater feierten sie am nächsten Tag das Weihnachtsfest.

Der Unfall aber blieb Heinz und Rita unauslöschbar im Gedächtnis, und noch heute – nach dreißig Jahren – erzählen sie davon, wenn sie an frühere Weihnachtsfeste zurückdenken.

Heinz Hamm

Weihnachtsapfel und Neujahrsbäumchen

In meinem kleinen Heimatdorf in den Waldecker Bergen gab es noch in meiner Jugend eine schöne Sitte, die wohl ursprünglich auf heidnische Vorstellungen zurückging, uns Kindern aber deutlich machte, daß Weihnachten nicht am Abend des zweiten Weihnachtstages zu Ende war. Doch ich muß der Reihe nach erzählen und will versuchen, auch nichts auszulassen.

Auf dem bunten Weihnachtsteller, den wir alljährlich unter dem Christbaum fanden, lag meistens obenauf ein besonders schöner Apfel. Der stammte immer vom gleichen Baum, war sehr fest und fing erst um die Dezembermitte an, dunkelrot zu werden. Keinem von uns Kindern wäre es eingefallen, diesen Apfel aufzuessen, denn er hatte einen ganz bestimmten Zweck.

Am dritten Weihnachtstag, bei uns wurden die Tage «zwischen den Jahren» alle noch als Weihnachtstage gezählt, am dritten Weihnachtstag also machte man sich auf und brachte diesen Apfel seinem Paten oder seiner Patin.

«Onkel, ich bringe dir meinen Weihnachtsapfel», war der vorgeschriebene Satz.

Der Pate nahm den Apfel an, und das Patenkind gab ihn gern, weil es wußte, daß er wieder zu ihm zurückkam. Das war dann am Neujahrsmorgen, wenn man der Patentante oder dem Patenonkel ein gutes neues Jahr wünschte und sein Neujahrsbäumchen bekam.

Ich selber hatte das Glück, daß mein Großvater auch mein Taufpate war, und so habe ich viele Male zuschauen dürfen, wie so ein Neujahrsbäumchen entstand.

Wenn Opa in seiner Werkstatt verschwand, um sein Taschenmesser, dieses vielseitige Wunderwerkzeug, auf dem uralten Wetzstein zu schärfen, dann stieg Großmutter auf den Dachboden und holte ein Säckchen mit besonders schönen Haselnüssen, die sie vorausschauend vor der weihnachtlichen Nußknackerei gerettet hatte.

Großvater brachte von draußen einen gut gewachsenen Buchsbaumzweig mit und setzte sich dann in seinem Sessel zurecht, um mit Geschick und Geduld das Neujahrsbäumchen entstehen zu lassen. Der Buchsbaumzweig wurde in die Blüte des Apfels gesteckt, und dann mußte probiert werden, ob der Apfel auch genug Standfläche hatte, um das Bäumchen zu tragen.

Mit seinem scharfen Messer schnitt Großvater darauf die Spitze einer Nuß ab und spaltete die Schale ein wenig auf. In den schmalen Ritz wurde ein Buchsbaumblättchen geklemmt. Das war eine mühevolle Geduldsarbeit und mußte so oft wiederholt werden, bis zwölf Nüsse am Bäumchen hingen, für jeden Monat des neuen Jahres eine.

Ich hatte nichts dagegen, wenn ab und zu eine Nuß aufplatzte, denn dann bekam ich den Kern und durfte ihn aufessen. Meine Sorge war nur, Großvater könne einmal die Geduld verlieren, ehe mein Bäumchen fertig war. Das ist aber zum Glück niemals der Fall gewesen!

Wenn ich dann am Neujahrstage die Großeltern besuchte, um ihnen «Glück und Gesundheit zum neuen Jahr» zu wünschen, bekam ich meinen Weihnachtsapfel zurück mitsamt dem schmucken Neujahrsbäumchen. In meinem Apfel steckte auch immer noch ein «Neujahrstaler», das war ein blankgeputztes Fünfmarkstück. Es wanderte in meine Sparbüchse, «damit mir im ganzen Jahr nie das Geld ausgehe», wie Oma erklärend sagte.

So stand das Neujahrsbäumchen noch auf der Fensterbank, wenn der Weihnachtsbaum längst abgeräumt war. Fiel eine Nuß von selber herunter, durfte man sie essen und sich insgeheim etwas wünschen.

Zu Lichtmeß aber, am 2. Februar also, mußte das Bäumchen weichen, und die letzten Nüsse wurden geknackt. Dann war Weihnachten endgültig vorbei.

Ich habe oft darüber nachgedacht, wie diese Sitte wohl entstanden sein könnte. Der Apfel als Symbol der Liebe und des Lebens, der immergrüne Buchsbaum als Zeichen der Beständigkeit und die Nüsse als Abbild des täglichen Brotes hatten bestimmt eine tiefe Bedeutung. Eine gesicherte Erklärung fand ich aber weder durch eigenes Nachdenken noch in klugen Büchern. Doch ungeachtet dessen haben unsere Kinder auch ein Neujahrsbäumchen bekommen, und jetzt bewahren unsere Enkel ihren Weihnachtsapfel für den gleichen Zweck auf.

Nun bin ich der Großvater, und ich erinnere mich gern an die Neujahrsbäumchen meiner Kindheit, die zu einem einzigen Bild zusammengewachsen sind, denn das Nußbäumchen war ein fester Bestandteil unserer Weihnachtsfeste.

Karl Keller

Familienfeste

Die Feste des Jahres wurden bei uns zu Hause wirklich schön gefeiert. Da wir auch eine im ganzen noch ordentlich funktionierende katholische Familie waren, spielten die Kirchenfeste natürlich eine primäre Rolle. Katholisches Brauchtum wurde daher sehr gepflegt.

Das fing schon mit dem *Namenstag* an. Man feierte nämlich nicht so sehr den Geburtstag, sondern vielmehr den Namenstag des Heiligen, dessen Namen man trug. Deshalb habe ich auch heute noch ein irgendwie gestörtes Verhältnis zum Geburtstag. Aber am 4. November, dem Namenstag des Hl. Carl Borromäus, saß ich als Kind vor einem mit einem bunten Blumenkranz verzierten Teller und mußte Geschichten aus der Heiligenlegende wissen, die ich selbstverständlich vorher gelesen hatte und die mir als Wegweisung fürs Leben dienen sollten. Daher weiß ich heute noch viel aus dem Leben des Hl. Carl Borromäus, des Pest-Erzbischofs von Mailand.

Später begriff ich, daß dieser Brauch, den Namenstag des Heiligen zu feiern, direkt auf den altrömischen Geniuskult und -glauben zurückgeführt werden kann.

An *Ostern* – nachdem wir in den Tagen der Karwoche sehr eifrig an den zahlreichen Liturgien in der Kirche teilgenommen hatten – verstanden es unsere Eltern sehr gut, in uns Kindern Osterfreude zu erzeugen. Das fing am Ostersonntagmorgen mit dem Suchen der vom Vater im Garten versteckten Ostereier und des Schokolade-Osterhasen an – dabei konnten Eier auch auf Bäumen in Astgabelungen gefunden werden – und hörte mit dem sog. «Schurgeln» der gekochten und buntgefärbten Ostereier auf Wiesen oder im Wald auf. Dies geschah im Rahmen eines für die ganze Familie verbindlichen Osterspaziergangs. Wie schade war es doch, und welcher Kummer für eines von uns Kindern, wenn gerade sein Ei dabei «zerdeppert» wurde. Manchmal schmuggelte mein Vater auch ein sog. «Lege-ei» oder ein «Stopf-ei» (beide aus festem Material) unter die Ostereier und hatte seine diebische Freude daran, wenn wir Kinder uns vergeblich bemühten, es aufzuklopfen.

Beim *Erntedankfest* (Anfang September) stolzierten wir Kinder aus dem Hause Keller stets mit den schönsten Erntekränzen, die an einem Stab hoch oben hingen, in die Kirche und zur Erntedankprozession. Da baumelten dann über unseren Köpfen Karotten, Kartoffeln, Lauch u. a. Gemüse. Einmal hat mir meine Mutter sogar einen kleinen Gugelhupf-Kuchen an den Kranz gehängt. Darauf war ich besonders stolz. Denn auf die Gugelhupf-Idee war keine andere Mutter gekommen.

Weihnachten – das schönste aller Feste, war für uns Kinder ein unvergeßliches Erleben. Das verdanken wir den Eltern, und soviel ich weiß, haben alle ihre Kinder diesen Brauch, wie er sich am Heiligen Abend bei uns vollzogen hat, in ihre eigenen Familien – mehr oder weniger – übernommen und fortgesetzt.

Das Weihnachtsfest wurde bereits in der Adventszeit vorbereitet.

Basteln – Mutter selbst war hierin unser großes Vorbild – und gemeinschaftliches Singen an den Abenden stimmten auf das kommende Fest ein.

Was habe ich selbst doch Krippen gebaut!

Auch mein älterer Bruder Adolf, der so früh in Rußland Umgekommene, war ein meisterhafter Krippenbauer. Bei einer Krippenausstellung bekam er einmal einen Preis.

Einmal habe ich selbst eine so große und schwergewichtige Krippenlandschaft gebaut, daß zwei ausgewachsene Personen benötigt wurden, um sie am Hl. Abend in der Wohnstube aufzustellen. Sie hatte Naturfelsen aus rotem Sandstein und fließendes Wasser, das im Rundlauf ein Bächlein und einen See speiste. Leider fiel diese besonders schöne Krippe später im Krieg den sog. Entrümpelungsaktionen im Speicher zum Opfer, die wegen der möglichen Brandbombengefahren von Amts wegen angeordnet worden waren.

Am Hl. Abend hatte Vater den mütterlichen Auftrag zu erfüllen, mit uns Kindern am Nachmittag einen Weihnachtsspaziergang zu machen. Oft führte Vater uns Kinder dann in den Wald, der am 24. Dezember, wie uns Kindern schien, ein besonderes Fluidum hatte. Alles war weihnachtlich, die

Bäume und die Tiere. Besonders schön war es, wenn es bereits geschneit hatte oder gerade schneite. Die Assoziation zu dem uns bekannten Weihnachtslied: «Leise rieselt der Schnee, still und starr liegt der See...» war sodann sofort in uns wach. Dies schien uns schon die halbe Weihnachtsfreude zu sein.

Wenn wir dann, etwa um 15 Uhr, wieder nach Hause kamen, hatte Mutter bereits alles vorbereitet. Aber die gute Stube blieb für uns Kinder noch immer verschlossen. Dort, so wußten wir, stand bereits der mit silbernen Kugeln, Lametta, Kerzen und Weihnachtsgebäck geschmückte Weihnachtsbaum, darunter stand die Krippe, der alte gußeiserne Ofen war bereits seit der Frühe angeheizt und wärmte nun bis zum Abend die Stube auf.

Dann wurden wir Kinder gewaschen bzw. gebadet (von 15–16 Uhr) und in Sonntagskleider gesteckt. Um diese Zeit etwa hörten wir von unten ein erstes, noch sehr weit entferntes Läuten oder Klingeln. Jedenfalls glaubte ich, daß es Engel(-chen) seien, die in Begleitung des Jesuskindleins, d. h. Christkindchens, von Haus zu Haus gehend oder schwebend, klingeln würden. Und wir waren brav wie nie während des ganzen Jahres. Mutter äußerte dann so nebenbei, man müsse sich jetzt gut vorbereiten, denn das Christkindlein käme bald auch zu uns, es habe sich ja bereits angekündigt. Wir Kinder übten daher unsere Gebete und Sprüchlein, die Mutter mit uns während der Adventszeit auswendig gelernt hatte. Die Spannung stieg immer mehr, bis dann, etwa um 17 Uhr, ein lautes Klingeln erfolgte und Mutter uns sagte, daß jetzt das Christkind auch zu uns gekommen sei.

Mutter öffnete die Tür zum Treppenhaus – wir wußten dabei nicht, ob das Christkind unten im ersten Stock oder bereits oben in unserer Wohnstube sei –, und wir Kinder, meine Schwester Martha und ich – die älteren Kinder standen von uns unbemerkt im Hintergrund – sie waren ja bereits «aufgeklärt», hatten also keinen Kinderglauben mehr – knieten auf der Türschwelle zum Gebet nieder. Wir beteten beide angstvoll um die Wette, sangen ein kurzes Weihnachtslied – Mutter sang mit – und beteuerten unser absolutes Gutseinwollen für das nächste Jahr.

Ich habe letzteres einige Jahre lang offensichtlich besonders dramatisch vorgetragen, so daß die älteren Geschwister, wie ich sehr wohl bemerkte, insgeheim doch lachen mußten. Der Grund für dieses mein Verhalten war wohl, daß ich einmal im Kindergarten – so im Alter von 5 Jahren – vom Knecht Ruprecht als «Bösewicht» mit der Rute gezüchtigt worden war und nun befürchten mußte, daß mir ähnliches wieder passieren könnte.

Nach diesem Ritual – von meiner Mutter hintergrundsleise gesteuert –, bei dem wir übrigens nie ein «sinnlich faßbares Christkind» erblickt haben – es erfolgte also bei uns Kindern keinerlei Desillusionierung –, kam es zur Bescherungsszene. Mutter sagte: «Ei, das Christkind war da» oder ähnliches, und öffnete die Tür zur Wohnstube. Vater hatte inzwischen die Kerzen des Christbaums entzündet, und wir mußten zunächst dieses Bild – Christbaum und Krippe – in uns aufnehmen. Dann sangen wir alle vor der Krippe eines der alten und schönen Weihnachtslieder, zumeist aber das Lied: «Stille Nacht, heilige Nacht...» Erst dann durften wir Kinder uns unseren Geschenken widmen. Als Geschenke aber gab es fast nie etwas, was, gekauft, aus einem Laden stammte. Meistens waren es Basteleien oder von der Mutter gehäkelte bzw. gestrickte Wollsachen (wie Handschuhe, Zipfelmützen, Hausschuhe u. ä.).

Erst viel später erfuhren wir Kinder, wer eigentlich das «läutende Christkind» gewesen war. Vater war es gewesen, dessen jeweiliges rechtzeitiges Weggehen und Wiederauftauchen von uns Kindern nicht bemerkt worden war. Zum Klingeln nahm er dabei die eisernen Schürhaken aus Großmutters Küche.

Fazit: Wenn auch die Verursachungsmittel rein «irdisch» waren, so erzeugten sie bei uns Kindern doch stets eine «himmlische Illusion».

Das Weihnachtsfest wurde mit einem Gang der Familie zur mitternächtlichen Christmette abgeschlossen.

Werner Schmitt

Unser Goldenes Buch

In den fünfziger – und sechziger – Jahren war ich etliche Jahre an der Volksschule des schmucken Schifferdorfes Haßmersheim am Neckar als Lehrkraft tätig. Am Ende eines jeden Schuljahres war es üblich, daß die Schülerarbeiten eines Jahrgangs an die Kinder als deren Eigentum zurückgegeben wurden. Meist landeten auch teilweise sehr feine Aufsatzniederschriften neben anderem im heimischen Altpapier und waren dann unwiederbringlich verloren. Das betrübte mich oft, weil immer wieder Schülerarbeiten verschleudert wurden, die es nach meiner subjektiven Meinung wert waren, gesammelt zu werden, um sie vielleicht einem größeren Kreis zugänglich zu machen.

Eines Tages hatte ich einen Gedanken: Unser Goldenes Buch! – In ihm sollten «bemerkenswerte» Schüleraufsätze gesammelt werden, damit sie nicht am Schuljahrsende wie bisher verlorengingen. Oft waren es gerade nicht Niederschriften mit dem Prädikat einer besonders guten Zensur – nein –, «bemerkenswerte» Aufsätze sollten es sein, die von den Kindern und Jugendlichen freiwillig und (zugegeben!) auch mit ein wenig Stolz in «Unser Goldenes Buch» mit «peinlicher» Schönschrift eingetragen wurden. Muß man noch sagen, daß manchmal auf Elternabenden oder Klassenfesten das Gemeinschaftswerk der Schüler der «Interessepunkt Nr. 1» war, wenn es dann von Hand zu Hand ging und darin geblättert und gelesen wurde?

Weihnachten 1956 war gerade vorbei. Da geriet auch die nachfolgende Aufsatzniederschrift einer 13jährigen Schülerin in «Unser Goldenes Buch»:

Am Heiligen Abend

Das Weihnachtsfest stand vor der Tür. In den letzten Tagen wurden in allen Häusern die Geschenke zur Bescherung hergerichtet. Auch in unserer Familie war es nicht anders. Hinter verschlossenen Türen hörte man Papier rascheln, leises Geflüster, Schranktüren gehen, ja, man vernahm im Haus manche geheimnisvolle, festliche Laute.

Endlich, ja, endlich war der Heilige Abend da! Klopfenden Herzens stand ich mit meinen Eltern und mit meiner Schwester vor der Tür des Wohnzimmers. – Die Tür ging auf –, da sah ich den strahlenden Lichterbaum. Während ich ins Weihnachtszimmer eintrat, dachte ich: «Der Christbaum kommt mir vor wie eine Krone. Es ist, als ob dieser Baum, mit dem Kerzenschein umgeben, diesen Abend, der so hoch und heilig ist, krönen würde.»

Nun stimmte mein Vater das Lied «Stille Nacht, heilige Nacht» an. Ich war im Innern gerührt von dem Lied. Und da fühlte ich nur einen einzigen Wunsch in meinem Herzen: «Immer ganz lange vor dem Weihnachtsbaum stehen, um Lieder zu singen zur Ehre Gottes.» In mir war ein Gefühl, das ich noch nie gespürt hatte. Es war mir, als wenn der Heiland erst dieses Jahr als kleines, hilfloses Kind zur finsteren, dunklen Welt gekommen wäre.

Meine kleine Schwester trippelte ungeduldig auf den Füßen. – Endlich durfte sie an den Gabentisch treten und ihre Geschenke auspacken. Auch ich öffnete meine Geschenke und freute mich sehr darüber. Danach setzte ich mich in einen Sessel und nahm ein Buch zur Hand. Aber ich las nicht! – Ich dachte nur an die große Erniedrigung, die Gott aus Liebe zu den Menschen vollbrachte, indem er als kleines Kind zur Welt kam. – Noch lange blieb ich diesen Abend wach, um in die Christmette um Mitternacht zu gehen. Als die Glocken des Kirchturms feierlich läuteten, betrat auch ich mit vielen anderen Menschen mit einem dankbaren Herzen das Gotteshaus.

Rosamunde Sp....., 7. Klasse

Wen wundert es da, wenn nach 4 Jahrzehnten Tätigkeit der Pädagoge «i. R.» manchmal in der dunklen vorweihnachtlichen Zeit am heimeligen Kamin sitzend und in «Unserem Goldenen Buch» blätternd gesteht, daß er dabei im Gemüt eine stille Freude und beglückende innere Angerührtheit verspürt, wenn die Botschaften der gesammelten Niederschriften seiner ehemaligen Schüler zu ihm sprechen? – O ja –, um uns wächst schon eine bemerkenswerte Jugend auf – auch heute noch! Wir müssen nur verstehen zu lauschen, genau hinzuhören, damit wir auch ihre stillen und feinen Töne vernehmen.

Christa Schrott-Mäder

Das Weihnachtspaket

Es war der 23. Dezember 1948. Ich war gerade acht Jahre alt. Der Krieg war seit drei Jahren vorbei. Es herrschte überall Not und Elend. Die einen hatten ihre Heimat verloren, die anderen ihre nächsten Angehörigen. Es wurde getauscht und geschoben, nur um etwas Eßbares zu ergattern.

Es war also ein Tag vor dem Heiligen Abend. Nach dem Mittagessen ging meine Mutter fort, um noch etwas zu besorgen. Wir lebten allein, Vater war in der Gefangenschaft gestorben.

Ich saß am Tisch und malte in meinem Buch. Plötzlich klingelte es. Die Postbotin brachte einen Paketschein und fragte, ob Mutter zu Hause ist. Ich verneinte es. Dann müßte sie eben den Schein wieder mitnehmen.

Wir bekamen zweimal im Jahr ein Paket aus Amerika von unseren Verwandten. Es konnte nur das Weihnachtspaket aus Amerika sein, allein der Gedanke daran brachte mich schon in Hochstimmung.

Nach langer Bettelei von meiner Seite ließ sich die Postbotin erweichen. Ich durfte unterschreiben und den Zettel an mich nehmen.

Nun saß ich da und wartete auf Mutter. Die Zeit verging, es wurde schon schummrig draußen, und sie kam nicht. Die Post würde am anderen Tag geschlossen sein und wir könnten das Paket erst nach dem Weihnachtsfest abholen.

«So ein Mist.»

Mutter würde bestimmt auch traurig sein, zu dem Fest all die schönen Sachen nicht zu besitzen.

Voller Ungeduld schaute ich laufend auf die Uhr. Mutter kam und kam nicht. Da faßte ich den Entschluß, das Paket selber abzuholen. Es lag schon Schnee auf den Straßen. Ich konnte den Schlitten nehmen. Wußte ich doch von den vorher bekommenen Paketen, daß sie sehr schwer waren. Auch lag die Post ein ganzes Stück von unserer Wohnung entfernt.

Angezogen, Zettel eingesteckt, Schlitten geholt und los ging es. Geschäftiges Treiben herrschte auf der Straße. Die Leute, mehr oder weniger dick angezogen, versuchten noch etwas zu erstehen. Keiner beachtete mich, alle hatten sie mit sich zu tun. Meine Schulfreundin kam mir entgegen, ich wollte sie mitnehmen, aber sie mußte nach Hause.

Der Weg wollte kein Ende nehmen. Nach einer Weile sah ich endlich den hohen Eisenzaun und das Postgebäude, was dahinter lag. Gott sei Dank. Meine Überraschung war groß, als ich die vielen Leute in der Schlange sah. Ich war nicht die einzige. Als ich nun endlich als nächste dran war und voller Erwartung und Freude meinen Zettel abgab, wollte mir der Postbeamte das Paket nicht aushändigen.

«Kinder ohne Ausweis bekommen nichts.»

Nun konnte ich über die Enttäuschung meine Tränen nicht mehr zurückhalten. Ich heulte wie ein Schloßhund. Zu meinem Glück hat unsere Wohnungsnachbarin auf der Post gearbeitet. Aus Mitleid mit mir, und weil sie uns kannte, hat sie für mich gebürgt. Das Paket wurde auf den Schlitten geladen, allein hätte ich es nicht tragen können, und frohen Herzens zog ich davon.

Am Anfang ging ja noch alles gut. Aber mit der Zeit ließ sich der Schlitten immer schwerer ziehen. Einige Stellen auf dem Bürgersteig waren mit Asche bestreut. Ich mußte mich mächtig anstrengen, um den Schlitten mit seiner Last überhaupt noch vorwärts zu bringen. Meine Kräfte ließen merklich nach. Das Paket rutschte zu allem Überfluß dauernd nach der Seite und nach vorn. Jedesmal mußte ich anhalten, um es wieder in die richtige Lage zu bringen.

Es war nun schon spät geworden, die Straßen leerten sich langsam. Ein alter Mann überholte mich und sprach mich an. Er hatte gesehen, wie ich mich abmühte. Er sah fast so aus wie der Weihnachtsmann. Natürlich glaubte ich in diesem Alter nicht mehr daran.

Der Mann hatte einen langen grauen Bart, sehr gütige Augen und war so freundlich. Er hatte einen Militärmantel an, der ihm fast bis zu den Knöcheln reichte.

Er sagte: «Komm, Kleine, setz dich auf den Schlitten hinter das Paket und halte es fest. Ich ziehe dich nach Hause, allein schaffst du es doch nicht.»

Ich war so froh, mich nicht mehr anstrengen zu müssen.

Meine Mutter war in der Zwischenzeit nach Hause gekommen. Da ich keine Nachricht hinterlassen hatte, wo ich war, begann sie nach mir zu suchen. Als sie zu meiner Schulfreundin kam, erzählte diese, daß ich zur Post gegangen war.

Voller Angst kam sie uns entgegen. Ich hätte ja auch in falsche Hände geraten können, Kriminelle gab es ja genug.

Sie unterhielt sich mit dem Mann und faßte Vertrauen zu ihm. So erfuhr sie, daß er allein lebt. Seine Angehörigen sind alle im Krieg umgekommen. Aus Erleichterung, daß mir nichts passiert war und der Mann mir geholfen hat, lud sie ihn zum Heiligen Abend ein.

Erst am anderen Tag, das war die Strafe für meine Neugier und mein unerlaubtes Handeln, wurde das Paket geöffnet. Was waren da für köstliche Sachen darin. Alle Arten von Naschereien, Buntstifte, Kleider und für Mutti Zigaretten und Bohnenkaffee. Außerdem noch weißes Mehl, was es zu der Zeit gar nicht gab, und Zucker.

Als der alte Mann am späten Nachmittag des Heiligen Abends kam, war die Überraschung perfekt. Er brachte mir, weiß Gott woher, ein paar Haarschleifen und der Mutter eine schöne Tischdecke mit. Es roch schon nach Bohnenkaffee, und ein Teller mit Keksen stand auch auf dem Tisch. Der alte Mann bekam Zigaretten als Geschenk, die Mutter sonst gegen Lebensmittel eintauschte.

Es war ein wunderschöner Heiliger Abend. Wir saßen zu dritt in der warmen Stube, betrachteten das glitzernde Bäumchen und sangen Weihnachtslieder. Es war wirklich so, als ob der Weihnachtsmann mitten unter uns wäre.

Karin Piske

Der Luftballon

In dieser Woche ging ich am Nachmittag zum Unterricht. Zerstörungen, die der Krieg hinterließ, hatten auch vor den Schulen unserer Stadt nicht haltgemacht. In wenigen noch intakten und in provisorisch wiedererstellten Räumen wurde von Lehrern und Kindern gewissermaßen Schichtdienst abgehalten. So brachte ein fein ausgeklügelter Stundenplan es mit sich, daß ich häufig erst nach dem Mittagessen die Wohnung verließ, um bis zum Abend das Los aller Schulpflichtigen zu teilen.

Es war in der Adventszeit, an einem der schon frostigen Tage, die den baldigen Winter ahnen ließen, als sich mir auf meinem Heimweg unverhofft eine verzauberte Welt auftat – ein richtiger Weihnachtsmarkt! Auf dem Marktplatz hatten Händler Buden errichtet. Sie boten in bescheidenem Umfang Waren an, von mir als geradezu verschwenderische Fülle empfunden. Die vielen Holzhäuschen waren erleuchtet und hoben sich vom sternklaren Himmel ab. Bunte Nikolausmasken, weihnachtliche Transparentbilder, Lebkuchen, Hampelmänner, geschnitzte Holztiere und anderes kleines Spielzeug und Basteleien hingen verlockend an den Wänden und kleinen Giebeln.

Eine der Buden schien eine ganz besondere Anziehungskraft auszuüben, denn viele Kinder standen davor. Bei näherem Hinschauen entdeckte ich den Grund der Faszination: Der Verkäufer lockte mit einem Bündel der schönsten Luftballons, die alle nach oben strebten. Sie waren tatsächlich mit Gas gefüllt, so daß man sie nur an einem Band zu führen brauchte! Zu erwerben waren diese Kostbarkeiten durch Lose, die offensichtlich kaum einen Treffer hergaben. Auch ich stand, etwas abgedrängt, in den hinteren Reihen der staunenden Kinder, als ein Herr einen so wundervollen Ballon in seinen Händen hielt. Er drehte sich um und schaute in unzählige sehnsüchtige Kinderaugen. Eine Bewegung von ihm wurde richtig gedeutet, denn viele Hände reckten sich nach oben, begleitet von einem vielstimmigen «... bitte ich...» So ließ er die Ballonschnur schließlich in eine der Kinderhände gleiten...

Sie gehörte zu einem kleinen Mädchen, dem die Wollmütze vom Kopf gerutscht war und die nur noch durch die langen Zöpfe gehalten wurde. Es merkte die Kälte nicht, denn die Wangen glühten vor Aufregung.

Wie war es möglich, daß ausgerechnet ich, die ich doch so weit im Hintergrund stand, die Auserwählte war! Die anderen Kinder ließen enttäuscht die Arme sinken. Dieses nahm ich noch in der Bewegung wahr, konnte jedoch meinen Blick nicht von der roten, schwerelosen Erscheinung wenden. Welch ein Wunder in meiner Hand! Und es gehörte tatsächlich mir! Eine schönere Weihnachtsbescherung konnte ich mir gar nicht vorstellen. Und dabei war doch noch gar nicht Heiligabend!

Ziellos ging ich durch die Straßen, immer nach oben schauend, gleichsam selig entrückt. Etliche Kinder hatten mir in einiger Entfernung Gefolgschaft geleistet, waren inzwischen aber längst umgekehrt.

Ich weiß nicht, wie lange ich so gelaufen war, als die Katastrophe geschah. Der dünne Bindfaden entwand sich meinen Händen! Mein wundervoller Begleiter, von seinen Fesseln befreit, schwebte ungeduldig dem Sternenhimmel entgegen. Ich schrie auf, versuchte nach der Schnur zu greifen. Umsonst! Er hatte sich schon zu weit entfernt. Ich weinte in bitterer Enttäuschung.

Fast unbemerkt hatte ich den Einflußbereich der Marktlaternen verlassen und stolperte durch die Dunkelheit, als ich plötzlich im Lauf innehielt. Ich war in die Realität zurückgekehrt und erinnerte mich an die Umgebung. Mich durchzuckte ein furchtbarer Gedanke! Ich stand wie gelähmt und richtete nun zum erstenmal meinen Blick nach unten. Nur ein einziger kleiner Schritt – ich wäre in einen gähnenden Abgrund gestürzt. Ich hatte mich glücklicherweise noch zur rechten Zeit erinnert...

Wie vielen Kindern der Nachkriegszeit waren mir Trümmerlandschaften unserer Stadt vertraut. Sie dienten uns als Spielplätze. An dieser Stelle nun befanden sich die Überreste eines Hauses, die eine Bombe in einen – wie mir schien –

riesigen Krater verwandelt hatte. Mir schwindelte, als ich in die dunkle Tiefe starrte, auf deren Grund sich Stein- und Eisengeröll türmte. Das wußte ich, denn oft genug waren wir auf unserem Schulweg hier vorbeigekommen. Unweigerlich wäre ich abgestürzt, wenn nicht der Luftballon sich meinen Blicken entzogen und ich mich so auf mein Umfeld besonnen hätte. Einen Augenblick noch stand ich wie angewurzelt, bevor ich diesen Ort des Schreckens verließ – ausgesöhnt mit meinem Schicksal. Die Erinnerung an den Ballon war bereits verblaßt, zu übermächtig war die Erleichterung und auch die Dankbarkeit über meine wunderbare Rettung.

Christine Bienert
Die Geburtstagsüberraschung

Irgendwo hinter dem weiten Horizont, wo kein Mensch hinsehen kann, wurde fieberhaft gearbeitet. Engel schwebten hin und her, denn morgen war Heiligabend, der Geburtstag des Christkindes.

Auch das Christkind war nicht untätig. Es saß mit einigen Engeln zusammen und überlegte, welchen Kindern es wohl in diesem Jahr einen Besuch abstatten könnte.

Am liebsten hätte es alle Kinder zu sich eingeladen, aber das ging ja nicht. Deshalb reiste das Christkind an seinem Geburtstag auf die Erde, um wenigstens mit einigen ganz unglücklichen Kindern seinen Geburtstag zu feiern, damit diese ein wenig fröhlicher wurden. Wenn ihm dies gelang, freute sich das Christkind, denn es wollte ja Liebe und Glück verbreiten.

«Ich denke, du solltest in diesem Jahr einige Kinder in Afrika besuchen, dort leiden viele Kinder an Hunger», sagte einer der Engel.

«Also, ich finde, nach Japan mußt du auch. Dort hat es ein schlimmes Erdbeben gegeben», warf ein anderer ein.

«Und was ist mit den Ländern, in denen gerade Krieg herrscht?» Die Engel wußten über viele unglückliche Kinder zu berichten. Das Christkind seufzte. Jedes Jahr geschah viel Unglück auf der Erde. Und jedes Jahr weinten viele Kinder, weil sie all die Unglücke, die ihnen widerfuhren, nicht verstehen konnten und dringend Trost bedurften.

So beschloß das Christkind, in jedes der Länder zu gehen und möglichst viele Kinder zu besuchen. Es wollte sich gerade von seinen Engeln verabschieden, da kam noch der Engel Markus angeschwebt.

«Christkind, warte! Kannst du nicht noch den kleinen Alexander besuchen? Er weint ganz fürchterlich. Er hat niemanden mehr, keine Mutter, keinen Vater und kein Meerschweinchen. Er ist wirklich unglücklich!»

«Na gut, wenn das so ist, werde ich ihn ganz zum Schluß besuchen», meinte das Christkind.

Und so kam es auch. Ganz am Ende seiner Reise schwebte das Christkind an Alexanders Bett. Er schlief mit einem feinen Lächeln auf dem Gesicht. So sah doch kein trauriger Junge aus. Hatte sich das Christkind geirrt? Es sah noch einmal in der Liste nach. Nein, dies war Alexander.

In diesem Moment schlug Alexander die Augen auf.

«Wer bist du?» fragte er verschlafen.

«Ich bin das Christkind.»

Alexander rieb sich die Augen. «Du bist wirklich das Christkind?»

«Ja.»

Da breitete Alexander die Arme aus und drückte das Christkind ganz fest an sich.

«Das finde ich toll, Christkind, daß du gekommen bist. Ich habe mir das ganz fest gewünscht, weil ich dir auch mal eine Freude machen wollte. Weißt du, ich wollte dir nämlich etwas zu deinem Geburtstag heute schenken.»

Noch während er sprach, stand er aus seinem Bett auf, ging zum Schrank und holte ein eingewickeltes Paket heraus.

«Das ist für dich! Habe ich ganz allein genäht. Mami hat mir bloß gezeigt, wie ich es machen muß.»

Das Christkind sah ihn verdutzt an. «Du hast eine Mami? Ich denke...»

Alexander nickte. «Ich habe eine Mami, einen Papi und ein Meerschweinchen.»

«So?» Das Christkind war nun doch ein wenig verwirrt. Was hatte ihm der Engel Markus bloß erzählt?

Ein bißchen neugierig war es aber auch. Gespannt packte es das Paket aus. Zum Vorschein kam ein Teddy mit nur einem Ohr, einem kurzen und einem langen Bein, einem dikken und einem dünnen Arm und einer dicken Filznase.

«Für den Stoff habe ich das ganze Jahr gespart. Ich wollte, daß du auch einen Teddy zum Einschlafen hast, dann bist du nicht so allein.» Alexander strahlte das Christkind an.

«Freust du dich? Der Engel Markus hat auch gesagt, das sei eine gute Idee.»

«Der Engel Markus?»

Alexander nickte eifrig. «Ja. Ich habe mir im letzten Jahr ganz fest gewünscht, du solltest kommen. Aber es ist nur der Engel Markus erschienen und hat gesagt, vielleicht würde es ja in diesem Jahr klappen.»

Nun mußte das Christkind lächeln. Da hatte ihn also der Engel Markus beschwindelt. Es würde ein ernstes Wörtchen mit ihm reden müssen. Engel sollten schließlich die Wahrheit sagen.

«Gefällt dir der Teddy?» fragte Alexander.

«Oh, ja, er gefällt mir sogar sehr. So eine schöne Geburtstagsüberraschung habe ich noch nie erlebt», antwortete das Christkind.

Als es sich von dem glücklichen Alexander verabschiedet hatte, wartete draußen bereits der Engel Markus.

«Bist du sehr böse auf mich?» fragte der Engel.

«Der kleine Alexander hat sich so sehr gewünscht, dem Christkind etwas schenken zu dürfen. Da habe ich gedacht, ich mache euch beiden eine Freude. Ich habe auch wirklich nur deshalb geschwindelt, weil du sonst immer nur zu den unglücklichen Kindern gehst, und dabei gibt es auch viele glückliche Kinder.»

Das Christkind lächelte und sagte gar nichts. Es konnte auch nichts sagen, denn es wollte ganz still seine Geburtstagsüberraschung genießen.

Kurt Baltinowitz
Benno

Seit Stunden peitschte der Regen mit unverminderter Heftigkeit gegen die Fensterscheiben. Kräftige Windböen drückten die Wipfel der jungen Birken im Vorgarten fast bis zur Erde, als verneigten sie sich ehrfürchtig vor den tobenden Naturgewalten.

Gedankenverloren starrte Ewald Krüger schon eine geraume Weile durch die Glasscheibe seiner Terrassentür und stellte sich vor, wie viele Menschen und Tiere in diesem Augenblick dem Unwetter ausgesetzt waren, unvermittelt überrascht wurden und jetzt irgendwo vor Nässe triefend umherirrten, ein schützendes Dach suchten.

«Ach, wie glücklich darf man sich doch fühlen, ein gemütliches Heim und ein Dach über dem Kopf zu haben», murmelte der 70 Jahre alte Mann vor sich hin, setzte seine Tabakspfeife in Brand, ging im Zimmer einige Schritte auf und ab und nahm schließlich wieder seinen Platz am Fenster ein. Das Unwetter tobte unvermindert weiter. Der pensionierte Regierungsrat dachte an seine alte Heimat, an Ostpreußen, zurück, an die Zeiten des unglückseligen Krieges, wo er ähnlichen Unwettern schutzlos ausgesetzt gewesen war, triefend naß nach einem schützenden Dach suchte.

Plötzlich stutzte der rüstige Pensionär: Wie aus dem Erdboden gestampft, kauerte ein mittelgroßer Hund auf den Terrassenfliesen! Völlig durchnäßt. Sein Körper zitterte vor Kälte. Zunächst glaubte Krüger, einer Sinnestäuschung erlegen zu sein, denn der hellbraune Hund sah genauso aus wie sein Benno, den er vor einem halben Jahr verloren hatte, den ein rücksichtsloser Autofahrer überfuhr. Krüger trat noch näher an die Glasscheibe heran, fuhr sich verwirrt über die Augen und schaute noch einmal zu dem Hund. Langsam kroch der hellbraune Vierbeiner winselnd und beinahe unterwürfig näher, nahm mit Krüger Blickkontakt auf und berührte schließlich mit seiner Schnauze die Glasscheibe. Dann kratzte er ein paarmal kräftig mit den Pfoten an dem Holzrahmen der Terrassentür und schlug kurz an.

Im Moment war der Pensionär ratlos. Der Hund kam ihm in der Tat unheimlich vor. Sollte sein langjähriger, treuer Wegbegleiter eventuell doch aus dem Hundehimmel zurückgekehrt sein? Das war doch absurd! Natürlich war es schon verblüffend, daß der da draußen seinem verunglückten Hund fast aufs Haar glich.

«Nein, nein und nochmals nein! Das kann nicht wahr sein! Offensichtlich unterliege ich tatsächlich einer Fata Morgana», rief Krüger laut, so laut, daß sogar der wassertriefende, schlotternde Hund erschrocken von der Glasscheibe wich, kurz aufbellte, aber nach wenigen Sekunden schon wieder an der Terrassentür kratzte.

Ewald Krüger beruhigte sich und überlegte: Was tun? Woher kam der Hund? Wem konnte er gehören? Wahrscheinlich hatte ihn auch das Unwetter auf einem seiner Streifzüge überrascht. Irgend etwas stimmte da nicht. Rein menschlich gesehen war es unverantwortlich, das Tier weiterhin dem Unwetter ausgesetzt zu lassen. Sollte er den wildfremden Hund – nur aus Mitleid – so ohne weiteres in der Wohnung aufnehmen? Erstens würde er beim Ausschütteln seines Fells den neuen Teppich beschmuddeln, und zweitens ging man doch ein Risiko ein, denn wer konnte garantieren, daß der bedauernswerte Hund nicht bissig war, vielleicht sogar eine ansteckende Krankheit oder Bandwürmer hatte. Noch einmal musterte Krüger den Hund, schaute ihm durchdringend in die treuen Augen und seufzte hörbar, denn nun hatte die Tierliebe gesiegt. Mit einem Ruck öffnete er die Terrassentür und ließ den fremden Vierbeiner in die Wohnung. Allerdings benahm sich der hellbraune Gast überhaupt nicht wie ein Fremder, sondern leckte spontan Krügers Hand, sprang sogar an ihm hoch und ließ sich streicheln. Dann lief er schnurstracks zum Heizkörper und nahm dort wie selbstverständlich Platz.

Erneut fuhr sich der Pensionär verwirrt über die Augen, ließ sich in den Sessel fallen und rief leise: «Benno!» – Tatsächlich hob der Hund den Kopf und gab einen zufriedenen Laut von sich. Jetzt wußte Krüger nicht mehr, was er von sich und dem Hund halten sollte. Er war doch noch normal? Mit den Fingernägeln zwickte er sich in die Wange. Ja, er war noch normal! Hier konnte es sich nur um einen außergewöhnlichen Zufall handeln, denn warum sollten andere Hunde nicht auch «Benno» gerufen werden? Aber die verblüffende Ähnlichkeit...

«Da kannst du nicht liegenbleiben», sagte Krüger und erhob sich. «Du kommst jetzt erst einmal mit mir ins Bad... in die Badewanne.» Sofort reagierte der Hund, schüttelte sich kurz und folgte gehorsam in die Wanne.

«Du scheinst gut erzogen zu sein», lobte Krüger den Labrador-Mischling, «stammst wohl aus gutem Hause, nicht wahr? Nun müßtest du mir nur noch erzählen, wem du ausgerissen bist... Aber das werde ich schon herausbekommen. Zunächst mußt du mit mir vorliebnehmen. Gleich bist du wieder schön sauber, dann stärkst du dich und anschließend schlage ich dich in eine Wolldecke ein, damit du dich nicht erkältest.»

Der Mischlingshund, den Krüger «Benno» nannte, entwickelte sich zum pflegeleichten Mitbewohner. Endlich war wieder Leben in der Wohnung. Wenn auch «Benno» dieses oder jenes vor lauter Übermut beim Herumtollen umstieß, manches sogar zu Bruch ging, so stand das in keinem Verhältnis zu der Freude, die der alte Herr an seinem Fundhund hatte. Immer mehr wuchs er ihm ans Herz. Aber der Hund mußte doch irgendwo ein Zuhause haben. Bestimmt wurde er schon längst vermißt. Zunächst fragte Krüger in der Nachbarschaft nach. Ohne Erfolg. Dann inserierte er, beschrieb «Benno» in allen Einzelheiten, so daß der eventuelle Besitzer seinen entlaufenen Vierbeiner unbedingt wiedererkennen mußte. Auch ohne Resonanz. Natürlich hoffte Krüger insgeheim, daß sich niemand auf seine Anzeige melden würde, denn das Vertrauensverhältnis zu «Benno» war derart gewachsen, daß er sich ein Leben ohne ihn gar nicht mehr vorstellen konnte. Aber meistens kommt es anders, als man denkt.

Eines Abends, fünf Tage vor Weihnachten, schrillte die Türglocke. Wer könnte das wohl sein? Krüger schüttelte nachdenklich den Kopf. Er erwartete niemand; er bekam ganz selten Besuch, seitdem vor zwei Jahren seine Frau verstorben war. Die Ehe war kinderlos geblieben, obwohl er Kinder mochte, sich mindestens zwei gewünscht hatte.

Ahnungslos erhob sich der Pensionär aus seinem Sessel, begab sich zur Wohnungstür und öffnete sie vorsichtig. Erstaunt, eher angenehm überrascht, blieb er mit halbgeöffnetem Mund wie angewurzelt stehen: Vor ihm stand ein junges Mädchen! Der Größe nach zu urteilen eine Schülerin. Im Moment war Krüger so durcheinander, daß er das Mädchen überhaupt nicht nach dem Grund seines Kommens fragte, sondern es sofort hereinbat. Ein für sein Alter sehr selbstbewußtes Mädchen, stellte Krüger fest, als sie im Wohnzimmer Platz genommen hatten. Auch das Mädchen hatte noch kein Wort über die Lippen gebracht. Interessiert schaute es sich im

Wohnzimmer um. Es hatte noch immer seinen Anorak an, die Kapuze tief in die Stirn gezogen. Krüger stand auf und wollte dem Mädchen den Anorak abnehmen, aber es winkte ab und sagte mir heller, wohlklingender Stimme: «Danke, das mach ich schon...» Weiter kam es nicht, denn plötzlich ertönte aus dem Nebenzimmer lautes Gebell, die Türklinke wurde ruckartig heruntergedrückt, und wie ein Blitz schoß «Benno» durch das Zimmer, streifte dabei den Blumenständer, der polternd umstürzte, direkt auf das Mädchen zu, sprang ihm auf den Schoß, tätschelte es aufgeregt mit den Pfoten und versuchte es vor lauter Wiedersehensfreude auf die Wange zu «küssen».

«Nun ist es aber gut, Bello», sagte das Mädchen und schob den Hund sanft beiseite. «Ich freue mich auch, dich wiederzusehen. Nimm jetzt brav Platz!»

Gehorsam streckte sich der Labrador-Mischling auf dem Teppich aus, legte seinen Kopf auf die Vorderläufe und knurrte behaglich.

Krüger senkte den Kopf, strich ein paarmal über seinen Schnurrbart und meinte dann gedehnt: «Die Frage, weswegen du hergekommen bist, erübrigt sich wohl. Du willst also deinen Bello abholen... Übrigens hörte er bei mir auf den Namen ‹Benno›. Na ja, der Name klingt ziemlich ähnlich.»

Das Mädchen lächelte, kraulte Bello und sagte: «Bello ist ein braver, folgsamer und treuer Hund.»

«Das konnte ich feststellen», knurrte Krüger. «Und jetzt willst du mir den Hund wegnehmen?»

«Ja!»

«Woher kommst du?»

«Ich komme... Ach, entschuldigen Sie, Herr Krüger, in der Aufregung hab ich's ganz vergessen, mich Ihnen vorzustellen: Ich heiße Maren Benkhoff, bin 14 Jahre alt und wohne in Gifhorn! Ihr Inserat habe ich bereits seit Wochen in der Tasche. Eigentlich wollte ich mich gar nicht melden, aber das Verlangen, Bello wiederzusehen, ließ mir keine Ruhe.»

«Verstehe, verstehe», sagte der alte Herr mit heiserer Stimme. «Aus Gifhorn kommst du? Da hast du ja einen weiten Weg hinter dir. Aber wie kommt dein Hund hierher? Ist er etwa zu Fuß, auf seinen Pfoten...?»

«Das ist ganz einfach zu erklären», entgegnete Maren. «Bis vor zwei Monaten wohnte ich mit meinen Eltern hier in dieser Stadt. Bello, den ich vor vier Jahren bekommen hatte, war schon immer mein ‹Sorgenkind›, denn er nahm jede Gelegenheit wahr, sich unbemerkt abzusetzen, kam jedoch stets nach einigen Tagen wieder zurück. Während unseres Umzugs entwischte er kurz vor der Abfahrt. Leider blieb keine Zeit, ihn zu suchen. Nun hab ich ihn ja endlich gefunden.»

«Bei mir hat er noch nicht einmal versucht wegzulaufen», bemerkte Krüger und stopfte sichtlich niedergeschlagen seine Tabakspfeife. «Schade, daß du ihn jetzt abholst. Wie ein bleiernes Tuch wird sich wieder die Einsamkeit über mich ausbreiten... ohne ‹Benno›. Verstehst du das?»

«Haben Sie keine Angehörigen, keine Kinder und so?» fragte Maren.

«Nein!» Und Krüger erzählte dem jungen Mädchen seine Geschichte. Er schloß mit den Worten: «Ja, so ist es, Maren, wenn man älter wird.»

Marens hübsches Gesicht nahm einen ernsten, nachdenklichen Ausdruck an, spiegelte irgendwie Mitgefühl wider. Bello döste zu Krügers Füßen. Nach einer Weile bemerkte Maren mit gedämpfter Stimme: «Es muß doch schrecklich sein, wenn alleinstehende Menschen der Einsamkeit preisgegeben sind. Da nützt wohl eine gute Rente auch nicht viel, nicht wahr?»

Krüger schwieg, trat ans Fenster und blickte auf die verschneite Terrasse, ungefähr auf den Punkt, wo an jenem Unwettertag Bello, sein vermeintlicher «Benno», erbärmlich anzuschauen, auf den Fliesen gekauert hatte.

Unbemerkt, auf Zehenspitzen, schlich sich Maren an den pensionierten Beamten heran, legte sachte ihre kleinen

Hände auf seine Schultern und fragte, beinahe flüsternd: «Wie werden Sie Weihnachten feiern?»

Ein langgezogener Seufzer: «In diesem Jahr... sehr einsam!»

«Wirklich?»

«Natürlich!»

«Das tut mir ehrlich leid!»

«Bello gehört ja dir... wird mit dir Weihnachten feiern.»

«Ja, Bello soll schöne Weihnachten verleben», sagte das Mädchen.

Krüger fühlte sich mit einemmal hundeelend, schlurfte, als wäre er plötzlich um Jahre gealtert, zu seinem Sessel zurück und ließ sich kraftlos hineinfallen. Bello nahte winselnd, legte seinen Kopf auf Krügers Knie und ließ sich bereitwillig kraulen. Dem alten Herrn stiegen unwillkürlich Tränen in die Augen. Traurig schaute er den Hund noch einmal von oben bis unten an und flüsterte: «Ein Prachtkerl bist du! Genauso lieb, anhänglich und brav wie mein Benno war. Vielleicht kommst du mich mal besuchen?»

Während sich der Regierungsrat a. D. von seinem liebgewonnenen Freund und Beschützer verabschiedete, knabberte Maren mit ernsthafter Miene Kekse, warf Bello auch einige Brocken zu, die er geschickt auffing, jedoch nicht von Krügers Seite wich.

Plötzlich erhob sich Maren, kniete vor Bello nieder, drückte ihn fest an sich und sagte dann zu Krüger, indem sie ihm beide Hände schüttelte: «Ich muß jetzt unbedingt aufbrechen, sonst verpasse ich noch meinen Zug. Mama und Papa wissen gar nicht, wo ich überhaupt bin... Bringen Sie mich bitte zur Tür, Herr Krüger!»

«Danke, Maren... vielen herzlichen Dank!» stammelte der alte Herr. Er winkte dem Mädchen nach, das sich noch einmal an der Gartenpforte umdrehte und «Frohe Weihnachten euch beiden!» rief. Dann verschwand es eilig in der sternklaren Winternacht. Krüger war überglücklich, stürzte förmlich ins Haus zurück, nahm Bello bei den Vorderläufen, richtete ihn in voller Lebensgröße auf und sagte: «So, das wäre geschafft... Ab sofort darfst du dich wieder Benno nennen...!»

Ursula Zachariae

Ein Weihnachtsgeschenk mit Tücken und Folgen

Wir haben eine kleine Enkeltochter. Sie ist jetzt vier Jahre alt und hat sich durch ihren Charme so manches Herz erobert. Wird sie gefragt: «Wie heißt du denn?» antwortet sie «Philo», hebt – altklug, wie ein Einzelkind nun einmal ist, ihr Zeigefingerchen und buchstabiert: «PHILO, das ist ein deutscher Name, kommt aus Griechenland.» Niemand weiß, wer ihr das beigebracht hat.

Philo also ist die Hauptperson in meiner Erzählung, die sich vor zwei Jahren gerade so und nicht anders abgespielt hat. Ich bin sozusagen die tragende Nebenperson. Philo formulierte das vor kurzem so: «Du heißt doch nicht Oma! Du heißt doch Großmutti!»

Ja, ich bin ihre Großmutter, und Großeltern beschenken ihre Enkelkinder gern – am liebsten mit etwas Selbstgemachtem, in das sie ihre ganze Liebe hineinlegen können.

Deshalb bastelte ich zum Weihnachtsfest 1992, Philo war gerade zweieinhalb Jahre alt, ein Bilderbuch aus Filz. Es sollte etwas ganz Besonderes sein, möglichst unzerstörbar. Ihre Mutter hatte sich gewünscht, es solle so ein pädagogisches Buch sein, an dem Philo Fingerfertigkeiten üben könne. Sie soll also daran lernen, wie sie einen Knopf ins Knopfloch lanciert und umgekehrt, wie sie Druckknöpfe öffnet und schließt, Reiß- und Klettverschlüsse betätigt, vielleicht sogar

Haken und Ösen richtig gebraucht. Denn Philo ist zwar sprachgewandt, aber ihre Fingerchen sind noch etwas ungeschickt.

Als Vorlage diente mir ein solches Buch, das unsere Tochter für ihren zweijährigen Sohn angefertigt hatte. Der aber war damals zwei Jahre alt und Philo jetzt schon zweieinhalb und außerdem ein Mädchen. Die sollen doch in der Entwicklung meist schneller vorankommen, sagt man.

Kopieren wollte ich meine Vorlage auf keinen Fall. Da fiel mir etwas Außergewöhnliches ein. Ich wollte mit diesem Spielbuch gleichzeitig die fünf Sinne ansprechen.

Voller Eifer stürzte ich mich in die Arbeit. Ich schnitt die Filzseiten doppelt zu, in der Größe 25 × 25 cm. Auf sie komponierte ich meine Ideen.

Die erste Seite, *das Sehen*, war einfach zu gestalten: In einer Wand aus Filz lassen sich Fensterläden öffnen, durch Knopf und Knopfloch verschlossen. Wenn Philo aufknöpft, lächeln ihre fernen Großeltern sie an. Ein postkartengroßes Foto macht's möglich.

Auf Seite zwei ist *das Riechen* dran. Sieben große Druckknöpfe sind zu betätigen. Dann stößt Philo auf ein Kästchen. Darin liegt ein buntgemustertes Beutelchen, aus dem es nach Lavendel duftet.

Fühlen heißt auch *streicheln*. Das kann Philo hinter einem Reißverschluß, der eine Stalltür sichert. Was befindet sich in dem Stall? Da stehen drei Tiere aus Filz, mit weichem Fell bezogen. Der eine Betrachter hält sie für Schäfchen, der andere für Rehe! Ich habe Fohlen darstellen wollen, aber im Zeichnen war ich noch nie gut.

Sehr arbeitsaufwendig und raffiniert ist Seite vier. Da habe ich *das Schmecken* darstellen wollen und habe zwölf Täschchen listigerweise mit Haken und Ösen versehen. In ihnen verbirgt sich je ein Traubenzuckerbonbon, gut verpackt. Hoffentlich darf Philo die essen. Es braucht ja nur einer pro Tag zu sein, denke ich.

Aber nun kommt's! Bis dahin konnte ich alles so gestalten, wie ich's mir vorgenommen hatte. Auf Seite fünf sollte Philo etwas *zum Hören* bekommen. Ich erinnerte mich an eine nagelneue Spieldose, die ich irgendwo aufbewahrt hatte. Aber sie einzubauen, erschien mir reichlich unbequem, denn sie war bestimmt 4 cm hoch. Also sann ich auf eine bessere Lösung. Kurz vor dem Einschlafen kam mir *die* Idee, dachte ich. Bei der Post gibt es doch Telegramme, aus denen beim Öffnen eine Melodie ertönt. Aber so ein Telegramm konnte die Postangestellte mir nicht verkaufen, riet mir aber zu einer Musikkarte. Bis dahin wußte ich gar nicht, daß es sie gab. Im Kaufhaus hatte ich die Wahl. Natürlich wollte ich keine Karte mit einer Weihnachtsmelodie erstehen. Die kann man sich doch nicht das ganze Jahr über anhören. Kinderlieder gibt es leider überhaupt nicht. Aber «Hoch sollst du leben» war dreimal vertreten, «Happy birthday to you» zweimal und «So ein Tag, so wunderschön wie heute» einmal. Diese Melodie erschien mir am unverfänglichsten, und ich kaufte die Karte, obwohl sie eine kleine Macke hatte. Sie spielte nämlich nicht sogleich beim Öffnen. Ich mußte ein bißchen schütteln oder klopfen. Ach was, das wird Philo schon herauskriegen.

Voller Schwung machte ich mich an die Arbeit und fand dabei heraus, daß die Melodie astrein erklingt, wenn die Karte beim Öffnen flach auf dem Tisch liegt. Ich nähte also die Klettverschlüsse ringsum an und als letztes die Musikkarte ein, die geöffnet fröhlich dudelte. Es störte mich nicht. Schließlich war das ja ihre Aufgabe. Aber sie hörte nicht auf, als ich sie zuklappte. Sie hörte auch nicht auf, als ich die Klettverschlüsse darüber betätigte, auch nicht, als ich das ganze Buch verschloß, heftig darauf klopfte, mich schließlich wutentbrannt draufsetzte. Sie dudelte eifrig «So ein Tag, so wunderschön wie heute», aber nun war er überhaupt nicht mehr wunderschön. Das ganze Geschenk schien verdorben. Niedergeschlagen und verzweifelt versteckte ich das fast fertige

Filzbuch unter einem Wäschestapel in meinem Schrank. Ganz leise ertönte die Melodie trotzdem, unaufhaltsam, ohne Pause. Ich mochte sie gar nicht mehr hören. Die Nacht verbrachte das Buch in der Küche, eingewickelt in ein dickes Badetuch.

Aber der Mißerfolg ließ mir keine Ruhe. Da fiel mir ein: «Die Karte hatte ja schon beim Kauf eine Macke! Sicherlich liegt's daran, daß sie nun immerzu spielt.» Deshalb beschloß ich, eine andere Musikkarte zu kaufen, und wenn es auch die wäre, die «Happy birthday» spielt. Gedacht – getan!

Unter musikalischen Schmerzen trennte ich die erste Karte heraus, brachte sie in den Keller und begann, die gut funktionierende Happy-birthday-Karte einzunähen. Sie fing beim Nähen natürlich auch an zu spielen, hörte aber beim Schließen ebenfalls nicht wieder auf. Ich war verzweifelt. Keiner konnte mir bisher erklären, wie dieses Unheil zustande kommt.

Einträchtig dudelten die beiden Karten zusammen in einem Karton im Keller vor sich hin, Tag und Nacht, pausenlos, tagelang.

Aber was nun? Die Zeit wurde knapp. Schweren Herzens holte ich die anfangs verschmähte Spieldose hervor und versenkte sie dergestalt in eine Blattrosette aus Filz, daß Philo sie zum Aufziehen und Abspielen herausnehmen kann.

Damit hatte ich das Problem *Hören* gelöst, wenn auch nicht ganz so elegant; denn das Filzbuch ist ein dicker Brokken geworden. Wohlverpackt ging es auf die Reise. Sie werden mich fragen: «Und was hat Philo damit angefangen?» – Tja – die Heidelberger Großeltern fanden mein Geschenk so kostbar, daß Philo es nur unter Aufsicht nutzen darf. Und – es kränkt mich fast: Die Seite mit den komplizierten Haken- und Ösenverschlüssen, die liebt sie am meisten; denn in den Täschchen verbergen sich Bonbons für das Leckermäulchen.

Kurz vor Weihnachten war also das dicke Filzbilderbuch, das mir soviel Kopfzerbrechen bereitet hatte, fertig und unterwegs. Da waren ja aber auch noch die beiden lädierten Musikkarten in unserem Keller, das Stück für 9 Mark fünfzig. Und sie dudelten immer noch unentwegt fröhlich um die Wette. Wenn ich unsere Kellertreppe hinunterstieg, hörte ich sie. Die Oberhand behielt «So ein Tag, so wunderschön wie heute». Eigentlich war ich neugierig, wie lange die beiden Karten das wohl durchhalten würden.

Dann aber bot mir «das Leben» eine bessere Lösung an. Mir fiel nämlich ein, daß unser Schwiegersohn am 24. Dezember 1992 fünfzig Jahre alt würde. Das war doch eine großartige Gelegenheit, «Happy birthday» seinem ursprünglichen Zweck zuzuführen. Ich wickelte die düdelnde Karte in so viel Seidenpapier, bis ein Schuhkarton gefüllt war, verpackte diesen hübsch, und nur noch ganz dezent war das vertrackte Lied zu hören. Das war notwendig, denn auf der Autofahrt nach Norderstedt zur Tochterfamilie sollte uns dieses Lied nicht auf die Nerven fallen.

Am 23. Dezember jedoch entdeckte ich auf meinem Terminkalender, daß unsere Freundin in Preetz am nächsten Tag nicht nur Geburtstag hatte, sondern daß sie siebzig Jahre jung würde. Längst war das für sie bestimmte Paket unterwegs. Aber bot sich «So ein Tag, so wunderschön wie heute» nicht geradezu dringend an, diesen Tag zu krönen? Ich packte die Karte mit einem entsprechenden Vermerk und einer Schilderung der Vorgeschichte in einen Briefumschlag und brachte ihn zum genauen Wiegen und Frankieren in die Post. Schon dort erregte der musikalische Brief Gelächter; im Briefkasten vor der Tür düdelte er fröhlich weiter, wenn auch gedämpft durch die übrigen Briefe.

Der 24. Dezember 1992 kam heran. Die Fahrt zur Familie verlief ungestört. Das Geburtstagslied war nicht zu hören. Beim Auspacken und Auswickeln gab es viel Spaß. Unser Schwiegersohn, der Ingenieur, brachte den Quälgeist bald zur Ruhe, indem er ein Stück Papier zwischen die Lasche schob. Stille! So weit, so gut!

Noch aber stand die Reaktion unserer Freundin Inge aus. Gespannt und mit etwas klopfendem Herzen erwartete ich ihre Antwort. Sie traf Anfang Januar ein und lautete:

«Liebe Ursel, lieber Klaus! Vorweg ein ganz herzliches Dankeschön für so tolle Geschenke. Und nun der Reihe nach: Euer Gag ist Euch hundertprozentig gelungen und hat uns allen außerordentlich viel Vergnügen bereitet. Wir waren an meinem 70. Geburtstag so gegen 9 Uhr früh noch beim Zurechtschieben der Tische, als ein Postbote, nur einen Brief in der Hand, aus dem gelben Auto sprang, Sturm klingelte, sich die Ohren zuhielt und rief: «Das ist ja nicht auszuhalten! Die anderen Postler haben mich losgejagt. Ich soll endlich diesen Dudelbrief wegbringen. Stundenlang geht das schon so.» Und mit einem Blick auf unsere Vorbereitungen: «Herzlichen Glückwunsch!! Frohes Fest!!!» Weg war er.

Wir lachten, als wir die Melodie erkannten, und stellten den Glückwunschbrief ungeöffnet vor ein paar Bücher. Er hat uns nicht einmal genervt, als er sich in seiner Aktivität nicht stören ließ, denn wir hatten Hochbetrieb im Partyzimmer beim Unterbringen der angeschleppten Köstlichkeiten. Die Zeit raste – der Musikbrief spielte «So ein Tag, so wunderschön wie heute»! Tür zu, umziehen, Maßarbeit, die ersten Gratulanten erscheinen.

Das musikalische Partyzimmer wird nur zum «Essenfassen» aufgesucht, das «Unaufhörliche» belächelt. Wen wundert's, daß wir uns erst am späten Nachmittag bemühen, die Melodie abzustellen. Es geht nicht. Wir öffnen den Brief in der Hoffnung, die Töne loszuwerden. Es geht nicht. Erst nach mehrmaligen Anläufen gelingt es uns, den Kontakt zu unterbrechen.

Ursel, das war ein Spaß mit Deiner melodischen Karte!»

Aber nun ist Ruhe – überall! Herrlich! Der Tag ist wieder wunderschön, so wunderschön wie heute.

Karin Piske
Eine schöne Bescherung

Wie so oft, nutzte ich auch heute meine Mittagspause, um mit dem Fahrrad über die Promenade zu radeln, als eine willkommene Unterbrechung meiner meist sitzenden Beschäftigung. Ich genoß die kurze Fahrt. Es war kalt, aber windstill und die Wintersonne ließ die dünne Schneedecke auf Bäumen und Rasen glitzern. Ich freute mich auf einen kleinen Bummel über den Weihnachtsmarkt – wie alljährlich in der Adventszeit – und stellte das hinderliche Rad ab.

Die Atmosphäre der festlich geschmückten und bunten Holzhäuschen, der Duft von Punsch, Reibekuchen und Waffeln nahm mich sogleich gefangen. Aufgewärmt mit heißem Kakao machte ich mich auf die Suche nach einigen hübschen Kleinigkeiten. Der erhoffte Einfall kam beim Anblick der auf dem Markt überall genutzten und auch zum Kauf angebotenen Keramiktassen mit dem Prinzipalmarktmotiv. Gefüllt mit Konfekt würden sie eine nette und originelle Erinnerung für meine Gäste sein – ca. fünfzehn Laienmusiker, die in und mit meiner Familie in der Vorweihnachtszeit musizieren.

Bepackt mit einer beträchtlichen Menge Geschirr strebte ich meinem Fahrrad zu. Zufrieden verstaute ich alles in den großen Gepäcktaschen und traf Anstalten, mein Rad zu besteigen. Mein Vorhaben wurde jedoch jäh gestoppt, denn es ließ sich nicht bewegen. Ich untersuchte das gerade entsicherte Schloß. Der Schlüssel steckte ordnungsgemäß und blockierte nicht. Schließlich entdeckte ich die Ursache der Behinderung. Am Hinterrad befand sich ein Seilschloß und ließ sich nicht öffnen. Ich traute meinen Augen nicht und glaubte nur mit Mühe, was ich sah. Was sollte ich nur tun? Wo kam diese stählerne Schlinge her, die sich da um die Speichen wand? Ich zog noch einige Male daran, in der Hoffnung, das Schloß könne doch noch nachgeben – vergeblich.

Wer hatte Interesse, mir einen solchen Streich zu spielen? Eine Verwechslung zog ich nicht in Erwägung, denn mein Rad stand neben einem Blumenkübel, und sonst befand sich kein ähnliches Gefährt in der Nähe.

Inzwischen waren meine Manipulationen nicht unbemerkt geblieben. Passanten musterten mich mißtrauisch, denn ich versuchte mit Hilfe einer Zange, die mir ein Budenbesitzer zögernd zur Verfügung gestellt hatte, dem Übel zu Leibe zu rücken, ein wohl eher lächerliches Unterfangen.

Während ich noch vergeblich mit dem Werkzeug an dem Hindernis riß und zerrte – zunehmend gereizter –, ragten zwei Uniformen neben mir auf.

«Was machen Sie denn da?» Meine strapazierte Geduld schwappte über, und so zischte ich giftig in ihre etwas überheblich-dienstlich blickenden Mienen. «Das sehen Sie doch! Ich versuche vergeblich, ein fremdes Schloß zu knacken! Aber vielleicht kann ich ja mit Ihrer Hilfe rechnen!» Das hätte ich wohl besser nicht gesagt, denn nun wurde man amtlich:

«Ist das Ihr Fahrrad?»

«Ja!»

«Haben Sie Ihren Schlüssel verloren?»

«Nein!»

«Warum benutzen Sie ihn dann nicht?»

«Weil das *Schloß* nicht mir gehört!»

«Wie kommen Sie dann dazu, es mit Gewalt öffnen zu wollen?»

«Es ist mein *Fahrrad*!!»

Man sah mich aufmerksam an und schwieg. Ich vermutete, daß man den Grad meines Verwirrtheitszustandes abzuschätzen versuchte. In ruhigem und etwas sanften Ton bedeuteten mir die Gesetzeshüter, sie zu ihrem Auto zu begleiten, um meine Personalien aufzunehmen. Es hatte sich inzwischen ein Kreis von Schaulustigen gebildet, der gespannt und erfreut den Vorgang als willkommene Abwechslung verfolgte. Mir selbst wurde bewußt, daß ich gut daran tat, den beiden, auf ihre Autorität bedachten Polizisten widerstandslos zu ihrem nur einige Straßen weiter geparkten Auto zu folgen.

Meine Personalien waren schnell aufgenommen. Der Vorfall – nunmehr in Ruhe vorgetragen – und meine überprüfte Person erlangten zunehmend Glaubwürdigkeit, und man forderte über Funk einen Monteur mit Bolzenschneider an.

Nun ging alles rasch. Der Helfer mit dem Spezialwerkzeug traf ein, und wir – inzwischen zu viert – machten uns gemeinsam auf den Weg zum Ort des Geschehens, um mein Rad endlich von seiner lästigen Fessel zu befreien.

Dafür allerdings hatte bereits ein anderer gesorgt. Der Spuk hatte noch kein Ende, denn als sich unser Trupp der bewußten Stelle näherte, standen dort lediglich zwei verlassene Tragetüten mit Weihnachtstassen, zusammen mit einer zerdrückten Postkarte, die ein «Frohes Fest» verkündete. Nach kurzer Zeit der Sprachlosigkeit ob solcher Frechheit, kam man zu dem einzig möglichen Schluß: Ein Dieb hatte diese List angewandt und die allgemeine Verwirrung genutzt, ein nur durch sein Schloß behindertes Rad unbehelligt zu stehlen. Denn die Frage «Hatten Sie denn Ihr Rad nicht verschlossen?» konnte ich, nur mühsam beherrscht, verneinen.

Die Polizei bedauerte den Vorfall und fuhr mich – zusammen mit den Tassen – zu meiner Dienststelle. Dort erregte ich nicht wenig Aufsehen, sowohl mit dem ungewöhnlichen Transportmittel, als auch mit meinem kuriosen Bericht.

Vorbereitungen für eine Reihe von Feiertagen und unser Hauskonzert drängten den Ärger über das gestohlene Rad rasch in den Hintergrund. Und so wurde das gemeinsame Musizieren am 4. Advent wieder für alle Beteiligten zu einem schönen Erlebnis. Weihnachtlich eingestimmt trennten wir uns – ein jeder Gast um eine gefüllte Weihnachtsmarkt-Tasse reicher, die er zum Abschluß an seinem Platz der langen Kaffeetafel vorfand.

Die nächsten Tage vergingen im Fluge. Der 24. Dezember war gekommen. Im Weihnachtszimmer – für den Rest der Familie verschlossen – konnte ich ungestört einige letzte Verschönerungen vornehmen. Da läutete das Telefon. Ein Anruf um diese Zeit? Leicht beunruhigt nahm ich den Hörer ab.

«Polizeipräsidium», meldete eine forsche Stimme. Eiskalt durchfuhr mich ein Schrecken. Mein erster Gedanke galt einem möglichen Unfall.

«Sind Sie die Besitzerin des als gestohlen gemeldeten Batavus-Hollandrades?»

Als ich erleichtert bejahte, erklärte der Beamte:

«Da habe ich, wie sich das für Heiligabend gehört, eine erfreuliche Botschaft für Sie. Ihr Rad ist gefunden worden! Der Originalschlüssel steckte, und darum sei mir eine abschließende Ermahnung gestattet: Verschließen Sie bitte fürderhin Ihr Rad. Sie ersparen sich und uns Ärger und Arbeit. So, und nun wünsche ich frohe Weihnacht!»

Er hatte aufgelegt, noch bevor ich etwas erwidern konnte. Vielleicht war es das beste so, denn wie sollte ich einem Unbeteiligten mit knappen Worten – noch dazu am Telefon – glaubhaft meine Fahrrad-Story berichten?

Gabriele Schubert

Am Ende des Tages

Und es begann dunkel zu werden.

Diese Stimmung in der Vorweihnachtszeit mußte man einfach empfinden.

Hier draußen fielen einem Bruchstücke von romantischen Weihnachtsgeschichten ein; auch Geschichten, die sich vor langer Zeit zugetragen hatten.

In den Häusern – im täglichen Alltag – gab es kaum noch Erlebnisse, die eine Geschichte ausmachen konnten.

So konnte doch dieses Weihnachten nicht wieder vorübergehen.

Und sie sah die schöne winterliche Natur, die bläuliche Nacht und spürte die Stille. Und diese Stille hatte soviel zu erzählen, wenn man es nur verstand, ihr richtig zuzuhören.

Sie erzählt von den Winterlandschaften, die noch eisiger sind als hier, die Felder noch weiter, die Luft noch klarer.

Sie erzählt von den Kutschen, die einst bis zur nächsten Herberge fuhren, deren Pferdehalfter mit Glöckchen versehen waren und die man so von weitem schon hörte.

Von den Menschen, die ausgefroren in der Herberge Rast machten und sich bei einem Abendmahl zu einem Gespräch zusammenfanden.

Von dem Wind, der um die Dächer pfiff, und dem Kamin, der die Wärme verbreitete.

Und mit jedem neuen Morgen begann ein neues Leben.

Der Tag brachte die Eiszapfen zum Vorschein, ließ den Schnee in der Sonne glitzern und machte aus einer Landschaft ein Bild, auf dem die Zeit stillzustehen schien.

Die Menschen im Schnee bewegten sich langsamer, stiller und waren nachdenklicher.

Die Glocken der Kirche klangen und läuteten den Abend ein, der wieder diese Sehnsucht brachte, die Winterlichkeit bewußter zu erleben.

Und ihre Gedanken neigten sich mit dem Ende des Tages und erkannten, daß in der Hast des Alltags der Sinn für das Interessante verlorengeht.

Doch inmitten dieser Bedeutungslosigkeit entschwindet der ein oder andere dieser materiellen Welt durch die Kraft seiner Phantasie.

Christine Müller
Unsere braune Sauce

«Wie kann man nur am Heiligen Abend eine Pfefferkuchensauce essen», so werden wir oft gefragt. Wir aber können uns ein Weihnachtsfest ohne diese schlesische Spezialität nicht vorstellen. Das ganze Jahr freuen wir uns auf «unsere braune Sauce», auch «polnische Sauce» genannt. Zugeben muß man allerdings: die besonderen Zutaten geben dieser Sauce einen ganz eigenen Geschmack, an den man sich erst gewöhnen muß: dies kann man sich, erst einmal Liebhaber dieser Köstlichkeit geworden, rückblickend kaum mehr vorstellen: Als Kind mochte ich die Sauce nämlich nicht, und auch unsere Töchter mußten sich erst an den Geschmack gewöhnen.

Schon Tage vor dem Fest muß das spezielle Gemüse, wie Petersilien- und Pastinakwurzeln eingekauft werden; wir kaufen es immer in der Markthalle und können danach gleich noch über den Weihnachtsmarkt bummeln.

Die eigentliche Arbeit mit der Sauce beginnt am 24. 12. morgens. Dann wird das Gemüse in feine Scheiben geschnitten, und wir bestaunen jedesmal die feine Maserung in den einzelnen Scheiben, denn es sind richtige Sterne zu erkennen.

Nachdem Pastinak, Petersilie, Zwiebeln (s. Rezept) mit dem Rührstab zerkleinert worden sind, wird auch der Pfefferkuchen zerbröckelt und mit Zitronensaft eingeweicht. Am schwierigsten ist die sogenannte Einbrenne – wir machen sie sonst das ganze Jahr nicht –, aber hier muß sie sein, meine Mutter hat es mir so aufgeschrieben, und natürlich muß dazu «gute Butter» genommen werden. Inzwischen kann dies unsere älteste Tochter so gut, daß wir ihr gern diese Arbeit überlassen.

Wenn dann schließlich die ganzen Zutaten zusammenkommen, muß man beim Kochen der Sauce sehr aufpassen, daß nichts anbrennt – oberstes Gebot hierbei: der dicke Pfefferkuchen-Gemüse-Zitronensaft-Einbrenne-Brei muß ständig gerührt werden. Auch ist das Kosten wichtig, denn nur die Erfahrung aus dem letzten Jahr kann im Abschmecken feststellen, wie viele Schlückchen Rotwein und Malzbier noch hinzukommen müssen, bis der Geschmack wirklich «genauso wie letztes Jahr ist».

Aber was wäre die braune Sauce ohne die weißen Würste, die einige Fleischer bis heute extra zu Weihnachten nach speziellem schlesischen Rezept herstellen? Die Tradition des weihnachtlichen Weißwurstessens ist verbreiteter, als die der «braunen Sauce», und so ist Vorbestellung nötig: am 24. 12. morgens können ab 7.30 Uhr die Würste dann abgeholt werden – die Leute stehen um diese Zeit schon Schlange! Diese weißen Würstchen müssen dann «überwellt» werden und dürften prinzipiell beim Kochen auf gar keinen Fall platzen. Wohlbemerkt dürften, denn ein Teil der Würstchen platzt fast immer, aber geplatzt oder ganz geblieben, schmecken tun sie uns doch.

Zum Abendessen werden Sauce und Würste dann vorsichtig erwärmt.

Als Beilage reichen wir trockenes Brot, zum Trinken gibt es Bier.

Die Rezepte für diese Sauce sind von Familie zu Familie verschieden, und auch wir haben aus den Aufzeichnungen unserer Eltern – mein Mann und ich sind beide in Breslau geboren – eine neue Variante gefunden.

Als richtige «Fans» dieses Weihnachtsessens kochen wir immer gleich so viel von der Sauce und kaufen so viele Würste, daß wir dieses Gericht noch in mehreren Portionen einfrieren können, um auch bis in den Januar hinein mehrmals die «braune Sauce» essen zu können.

Spätestens Ende Januar ist aber auch damit endgültig Schluß, dann können auch wir die «braune Sauce» «nicht mehr sehen», was aber nicht heißt, daß wir uns nicht dennoch spätestens ab November wieder unheimlich auf unsere «braune Sauce» freuen.

Zutaten für die Sauce:
(2–3 Personen)

> 250 g Pastinakwurzeln
> 250 g Petersilienwurzeln
> 150 g Zwiebeln
> 1 l Wasser
> 1 Gewürzdosis (Nelken, Pfefferkörner, Lorbeer)
> ¾ Pfund Pfefferkuchen
> Saft einer Zitrone
> Malzbier (1 kl. Flasche)
> etwas Rotwein
> etwas Zucker
> ⅛ Pfund Butter
> 2 Eßl. Mehl

Herstellung der Sauce:

Das in Scheiben geschnittene Gemüse wird zusammen mit den Gewürzen ½ Stunde lang gekocht, anschließend püriert. Der Pfefferkuchen muß im Zitronensaft eingeweicht werden.

In die Einbrenne (Butter wird erhitzt, mit Mehl vermischt und mit der Hälfte des Malzbieres gelöscht) kommen dann alle Zutaten, und die fertige Sauce wird mit Zucker, Rotwein und Malzbier abgeschmeckt. Die Weißwürste kann man auch mit in der Sauce erhitzen.

Erika Behrmann

Einsamen-Weihnacht in der Familie

In unserer Kirchengemeinde war es Tradition, daß einige Familien reihum die Einsamen-Weihnachtsfeier in ihrem Wohnzimmer ausrichteten. Hierzu wurden alle Bewohner aus dem Gemeindebezirk eingeladen, die am Heiligen Abend nicht allein sein wollten.

Dieses Jahr waren wir an der Reihe. Unsere Kinder, fünf und fast vier Jahre alt, waren ja noch klein. Ich hatte Bedenken, alles auf die Reihe zu bekommen.

Außer einem warmen Abendessen war es üblich, daß jeder Teilnehmer ein persönliches Geschenk erhielt. Für die Gestaltung des Abends wollte hauptsächlich mein Mann die Verantwortung übernehmen.

Diese Art Weihnachten zu feiern war beliebt und wurde auch gerne weiterempfohlen. So z. B. an einen ehemaligen deutschen Boxmeister, der ohne Angehörige in seinem kleinen Stübchen lebte und kaum noch das Haus verließ. Oder an einen älteren Behinderten, dessen Frau plötzlich ins Krankenhaus gekommen war. Neunzehn Personen hatten sich bis kurz vor Weihnachten angemeldet.

Ich hatte mit der Planung schon frühzeitig angefangen und war stolz, alles so rechtzeitig fertig zu haben.

Am Morgen des 24. Dezember waren im Wohnzimmer die Tische gedeckt, der Tannenbaum geschmückt, die Geschenke lagen schön verpackt in einem Sack.

Fünf Hühner waren abgekocht für das Frikassee. Ich freute mich durchaus auf dieses ganz andere Weihnachten.

Etwas Sorge machte ich mir um die Kinder, daß sie zu kurz kommen könnten. Weil im Wohnzimmer kein Platz zum Spielen blieb, hatten wir ihnen ein eigenes Bäumchen gekauft. Hierauf waren sie mächtig stolz.

Am frühen Nachmittag machten wir für die Kinder Bescherung. Sie waren vollauf beschäftigt mit den neuen Spielsachen und dem strahlenden elektrisch beleuchteten Bäumchen. Hiervon schwärmten sie noch jahrelang.

Nach dem 18-Uhr-Gottesdienst fanden sich die Gäste bei uns ein. Es war spannend zu erleben, wer alles kam. Wir kannten nur wenige der Leute.

Mit lautem Hallo füllte sich unser Wohnzimmer. Ich verschwand anschließend in der Küche.

Wie mit meinem Mann abgesprochen, sangen sie zunächst Weihnachtslieder, bis ich die Suppe servierte. Das klappte auch alles gut.

Danach hatte ich allerdings meine Schwierigkeiten mit dem Hühnerfrikassee. Beim Binden der Soße hatten sich in der Eile lauter Mehlklümpchen gebildet. Ich rührte und rührte mit hochrotem Kopf – aber die Klümpchen blieben.

Ich war ratlos, die Zeit drängte. Schon sah ich das ganze Essen verpatzt. Man konnte schließlich nicht nur Reis servieren.

Nach weiteren Liedern guckte mein Mann fragend durch die Küchentür: «Wann geht es denn endlich weiter? Wir haben bald alle Lieder durch.» – Ich wußte es auch nicht.

Dann kam mir der gute Gedanke: Alle Klümpchen raus und durch das Sieb rühren. Es dauerte... Währenddessen wurden im Wohnzimmer nacheinander alle 15 Strophen des Liedes «Vom Himmel hoch...» gesungen.

Dann aber war alles klar.

Die Leute lobten das Essen sehr und auch meine Ruhe. (Sie wußten zum Glück ja auch nicht, wie ich draußen geschwitzt hatte.)

Ich atmete auf, als ich den Nachtisch serviert hatte – jetzt konnte mir nichts mehr passieren.

Unsere Gäste waren fröhlich und munter bei der Unterhaltung. Der erwähnte Boxmeister hatte in letzter Zeit viel im Bett gelegen. Die Gemeindeschwester war in Sorge gewesen, ob er die Feier durchhielte. Aber er hatte sich sehnlichst noch einmal eine richtige Weihnachtsfeier gewünscht. Die Sorge war augenscheinlich überflüssig. Strahlend saß er in Anzug und Krawatte mitten unter ihn bewundernden Damen. Sie lauschten seinen Erzählungen und bestaunten anerkennend seine kräftigen Muskeln auf den mitgebrachten alten Fotos. Da war alle Krankheit vergessen.

Ein Hobbydichter konnte kein Ende finden, seine Verse zu rezitieren. Nur, es wollte keiner mehr zuhören.

Von all dem Lärm fühlten sich auch unsere Kinder angezogen. Unsere Tochter kam mit ihrer neuen Puppe an der Hand, die genauso groß war wie sie selbst. Die trug Kleidungsstücke von ihr und sah darin aus wie ihre Schwester. Die Leute dachten, da kämen zwei Kinder. Das Lachen war groß, als der Irrtum entdeckt wurde.

Unsere Tochter und ihre Puppe wanderten von Schoß zu Schoß.

Unser Sohn brachte nacheinander alle Teile seiner Holzeisenbahn und baute sie unter dem Tisch auf. Das Gejuchze war groß, wenn die Eisenbahn dabei über die Füße der Besucher fuhr.

Es war nichts mehr mit dem Oben-Feiern.

Soviel Leben und Trubel zu Weihnachten hatte es bei uns noch nie gegeben. Unsere Tochter rief immer wieder begeistert aus: «Soviel Besuch – alles unser Besuch!»

Es war ein gemütliches, fast familiäres Beisammensein. Ich glaube, alle waren an diesem Abend glücklich – auch die Kinder.

Annemarie Meier-Behrendt

Erinnerungen

Es gibt Zeiten, da kommt man ins Suchen und Kramen, man muß zuweilen Ballast abwerfen, um Platz für Neues zu schaffen oder auch ganz einfach, um sich zu befreien von so allerlei, was sich da so im Laufe der Jahre ansammelt. Dabei fiel mir zwischen vielem anderen Zeug und Tand auch ein altes Schulheft in die Finger. Beim Blättern und Lesen der auf grauem und schlechtem Nachkriegspapier verfaßten Diktate und Aufsätze wurde es mir ein wenig wehmütig, überkamen mich trotz so mancher nicht immer guten Erfahrungen, Erinnerungen an Vergangenes, Verlorenes, Niewiederkehrendes. 1949 hatte ich diesen Aufsatz geschrieben, und er lautete «In den Ferien». In ihm berichtete ich, daß wir am 22. Dezember 1948 Weihnachtsferien bekommen hatten, wir Schulkinder uns alle auf diese Ferien freuten und sehr gespannt und neugierig waren, was jedes Kind zu Weihnachten bekommen würde. Was konnte es schon sein, in jener Zeit, als das Wünschen noch nicht viel geholfen hatte, diese Wünsche recht bescheiden ausfielen, die Währungsreform gerade hinter und das Wirtschaftswunder noch lange vor uns lag? Wir waren Kriegskinder, Nachkriegskinder, hatten unsere schlimmen Erfahrungen gemacht, Verluste erlitten, waren zum Teil Fremde unter Fremden, lebten mit Sehnsüchten und Wünschen, die selten oder nie Erfüllung fanden? Was ich mir wünschte, ich weiß es heute nicht mehr, aber was ich erhielt, weiß ich dank des aufgefundenen Schulaufsatzes wieder:

«... Ich bekam zu Weihnachten ein Paar Skier, zwei Hemden, vier Hefte, einen Zeichenblock, eine Geldbörse, zwei bunte Teller und ein großes Pfefferkuchenherz, auf dem mit Guß ‹Annemarie› geschrieben stand.»

Es überrascht mich, daß der Gabentisch doch so üppig ausfiel. Die Leckereien auf den bunten Tellern dürften mit denen, die es heute gibt, keineswegs zu vergleichen sein. Selbstgebackenes, Äpfel, eine Apfelsine in zartes Seidenpapier gewickelt, ein paar Sahnebonbons. Einer der Teller stammte von Nachbarn, wie auch die Skier. Die Geldbörse – Portemonnaie konnte ich damals wohl noch nicht buchstabieren, enthielt vielleicht einen Glückspfennig – ich weiß es nicht mehr –, war aus Pappmaché. Die Skier könnte man in einem Museum bestaunen, wären sie noch vorhanden, und hielten sicherlich keinen Vergleich mit den heutigen Konstruktionen stand.

Nein, ich will mich nicht beklagen, nicht bedauern, daß ich nicht erhielt, was ich mir wünschte, von dem ich jetzt nicht weiß, was es war. Dieser Rückblick in die Vergangenheit hat mir nämlich doch viel Freude bereitet, und nicht nur mir, sondern auch, da ich diesen Aufsatz kopierte, mit einigen Worten einem alten, geliebten Lehrer sandte. Er schrieb mir daraufhin: «Schön, daß sich die Beziehungen zwischen Lehrern und Schülern zu einem freundschaftlichen Verhältnis wandelten und bestehen!»

Und noch einmal nahm ich diesen Aufsatz als Grundlage zu einem schon traditionell gewordenen Jahresrückblick für meinen Kegelclub, da mir keine andere Idee kam. Gerade in diesen weihnachtlichen Tagen, zum Jahresende hin, gehen ja unser aller Gedanken in die Vergangenheit, so schien mir meine Erinnerung nicht unpassend, obwohl, so ganz zufrieden war ich eigentlich nicht. Dann erlebte ich wieder eine Überraschung, ein unerwartetes positives Echo. Eine Kegelschwester rief an, bedankte sich für diesen Anstoß, sich einmal mit der Vergangenheit zu beschäftigen. Sie habe sich nun selber gefragt, wo sie in der Zeit gewesen sei, was sie gemacht und getan habe. Es stellte sich heraus, sie war damals in einem Flüchtlingslager in Dänemark. Was eigentlich nicht meine Absicht war: «Es ist doch gut, daß man wieder einmal darauf hingewiesen wird, was wir erlebten, wie schlecht es uns ging und wie gut wir es heute haben.»

Irgendwie habe ich das Gefühl, durch diesen, meinen Kinderaufsatz im nachhinein reich beschenkt worden zu sein.

Jutta Lindenthal
Helge – und das Märchen vom Weihnachtsmann

Der kleine Helge stand mit seinen fast acht Jahren als Ältester an der Spitze einer vielköpfigen Geschwisterschar. Mit Eltern, Brüdern und Schwestern kam er nach den Wirren des Krieges nach Schleswig-Holstein. Hier hatte der Vater, in der Nähe eines kleinen Flusses, für sich und seine Lieben ein Haus gebaut. Das war in diesen Zeiten natürlich nicht einfach, und so zogen die Eltern mit ihren Kindern in ein keineswegs fertiges Heim, nein, sogar die Fenster fehlten noch; dafür brachten sie jedoch die Haustür schon mit. Glücklich trug der Vater Frau und Kinder über die Schwelle, stolz, wieder ein eigenes Dach über dem Kopf zu haben.

Es war ein entbehrungsreiches Leben damals, wie es heute wohl nur noch die Älteren nachvollziehen können. Zum Haus gehörte ein ungefähr einen Morgen großes Grundstück, das zur einen Seite an den nahen Wald und den Fluß grenzte, während sich zur anderen die freien Felder ausbreiteten. Kleine, mit Regenwasser gefüllte Teiche – Bombentrichter – gaben der Landschaft ein friedliches Bild, das, besonders im Sommer, vom lauten Quaken der Frösche noch untermalt wurde.

Die Familie arbeitete im Frühling, Sommer und Herbst hart, um eine Wildnis in einen ertragreichen Garten zu wandeln, der die vielen Mäuler stopfen konnte. Dabei packte Helge als der Älteste natürlich besonders fest mit an. War die Erntezeit nun vorbei, die eingeweckten Früchte in Kellerregalen verstaut, Rüben und Möhren in der Miete, kamen alle so langsam zur Ruhe.

Inzwischen hatte der Dezember begonnen, dieser geheimnisvolle und besonders für kleine Leute aufregende Monat. Jeder bastelte, malte, nähte, webte, schnitzte, strickte und stickte an einer Weihnachtsfreude, denn Geld, um Geschenke zu kaufen, war wenig vorhanden.

Die Mutter hatte ihre musikalische Veranlagung den meisten Kindern mit in die Wiege gelegt. Jedes spielte mindestens ein Instrument. Emsig wurde geübt, so daß adventliche Hauskonzerte vor Freunden viel Anklang und Lob fanden.

Auch der Vater besaß eine musische Begabung: in seiner Freizeit gelangen ihm die schönsten Scherenschnitte, die sich, vor allem zur Weihnachtszeit, als Grußkarten gut verkaufen ließen. Für seine Lieben zu Hause vollbrachte er jedoch herrliche große Scherenschnittbilder, die er mit buntem Transparentpapier hinterlegte. In der Zeit vor dem Fest gaben erst sie dem Haus die besondere Stimmung.

Nach und nach rückte nun der Heilige Abend immer näher. Lange schon schmückten Vasen mit Tannen-, Eiben- und Wacholderzweigen, Lampion- und Silberblattsträuchern die einzelnen Stuben. An manchen Abenden las die Mutter den Kindern Geschichten vom Weihnachtsmann, seinem Knecht Ruprecht oder auch vom Christkind vor. Gebannt hörten die Kleinen ihr dabei zu, während süßlich duftende Honigkerzen das dunkle Zimmer erhellten. Meist klangen diese Abende mit dem einen oder anderen Weihnachtslied aus.

Am Morgen des 23. Dezember waren die Türen zur Wohnstube verschlossen, die großen Fenster zum Garten hin mit Tüchern verhängt. Die Kinder drückten sich hier die kleinen Nasen platt, aber keinem gelang es, auch nur einen winzigen Blick zu erhaschen. «Pssst! Geht schnell vom Fenster weg! Stört den Weihnachtsmann nicht!» meinte dann wohl die Mutter und scheuchte die Neugierigen fort; ein geheimnisvolles Lächeln huschte dabei über ihr Gesicht.

Am späten Nachmittag, es dunkelte schon, ging Helge in den Garten. Eigentlich sollte er nur unter dem Dachl einige schöne Äpfel holen, doch vorher lief er noch einmal schnell zum Wohnstubenfenster. Durch die verhangene Glasfläche schimmerte ein Lichtschein, aber plötzlich bewegte sich das Tuch, eine große Hand wurde sichtbar und für kurze Zeit sah er einige Tannenzweige hervorschauen. Der Junge stand stocksteif. Das war die Hand seines Vaters, er erkannte den Rand des Pullovers. Da wurde auch schon der Vorhang von innen wieder sorgfältig geschlossen. Oh, dachte er aufgeregt, jetzt wird gerade der Baum aufgestellt! Aber was machte der Vater im Weihnachtszimmer???

Schnell, damit sein langes Ausbleiben nicht auffiel, holte er die Äpfel und eilte damit in die Eßstube. Gedankenschwer setzte er sich still in eine Ecke. Ja, wieso der Vater? Hatten die Eltern nicht immer erzählt, der Weihnachtsmann brächte den Baum? Und manchmal käme er schon am Vortage des Heiligen Abends, weil er eben so viele Familien zu besuchen hätte. Seltsam fand er das alles. Ihm fiel eine Bemerkung seines Schulfreundes Peter, kurz vor den Ferien, ein. «Du glaubst noch an den Weihnachtsmann?!» Ungläubig hatte der ihn angeschaut und sich dann verächtlich fortgedreht.

Als die Eltern einmal nicht im Raum waren, stieg er auf einen Hocker und sagte zu den jüngeren Geschwistern: «Hört mal her, ich habe gerade etwas Tolles gesehen...» aber dann verstummte er. Was wollte er ihnen denn nun erzählen? Nein, er mußte sich das erst selbst überlegen. Die Geschwister waren erstaunt. «Was hast du denn gesehen?» Die jüngere Schwester zupfte ihn am Ärmel. Auch die anderen bestürmten ihn, aber er stieg langsam wieder von seinem Hocker herab, lächelte sie nur an, fast so geheimnisvoll wie die Mutter vorher, jedoch die eigene Unsicherheit damit verbergend. –

Am nächsten Morgen, dem 24. Dezember, erwachte er früh. Sofort war der Gedanke vom Vorabend da. Ja, was hatte er eigentlich gesehen? Die Hand des Vaters im Weihnachtszimmer, na und?! Wenn nun der Peter aber doch mit seiner Andeutung recht hatte? Gab es vielleicht wirklich keinen Weihnachtsmann, machten das alles die Eltern? Nagende Zweifel bohrten in ihm. Er beschloß, heute ganz genau aufzupassen.

Flugs kletterte er aus dem Bett und zog sich an. Als er die Tür zum Flur öffnete, atmete er genießerisch die Luft ein: durch das Haus zogen verführerische Düfte. Es roch nach Äpfeln, Plätzchen, Honigkuchen und Nüssen. Von unten, wohl aus der Bücherstube, klangen weihnachtliche Melodien zu ihm herauf. Er unterschied Geige, Gitarre und Altflöte: Mutter übte mit den Schwestern. Da fiel ihm ein, daß er sein Flötensolo für heute abend auch noch nicht so richtig beherrschte. Aber das konnte warten. Erst einmal mußte er sehen, was sich unten noch so tat.

Er traf den Vater im Heizungskeller beim Sortieren der im Herbst geernteten Nüsse an. Sie trockneten hier, mußten dabei jedoch ab und zu kontrolliert werden. «Komm, Helge, du kannst mir helfen», forderte er ihn auf. Während der Arbeit zogen seine Gedanken wieder weite Kreise. Würde er nicht heute abend auch einige dieser Nüsse auf seinem Weihnachtsteller finden? Es war schon komisch. «Vater, sag mal, gibt es einen Weihnachtsmann?» Ihn traf ein erstaunter Blick. Nach einer kleinen Pause kam die Antwort: «Natürlich, äh', sieh mal, wenn es keinen gäbe, wer brächte dann die Geschenke?» Dem Jungen schien es, als atmete sein Gegenüber einmal tief durch. Aus der Küche rief die Mutter zum Frühstück. Schnell gingen beide nach oben.

Der Tag zog sich in die Länge. Zähflüssig vergingen für die Kinder die Stunden, bis endlich der Nachmittag kam. Es dämmerte, als alle gemeinsam den langen Tisch in der Eßstube deckten. Tannenzweige und rote Äpfel schmückten die Tafel, Kerzen gaben dem Raum ein festliches Licht. Als die würzig duftende Tomatensuppe in den Tellern dampfte, faßte die Familie sich zum Gebet an den Händen:

> Nun wird es Nacht um unser Haus,
> wir ruh'n an unserem Tische aus,
> für alle Gottesgaben, die wir darauf haben,
> woll'n wir dankbar sein
> und fleißig obendrein
>
> *Gesegnete Mahlzeit!*

Nach einem vielstimmigen ‹Dona nobis pacem› griffen alle zum Löffel. Jeder verspürte großen Hunger. Der Junge häufte sich kleingeschnittene, geröstete Weißbrotstückchen auf die Suppe. Als Hauptgericht wurden, wie in den Jahren zuvor, überbackene Selleriescheiben mit Tomatensoße, Reis und Rapunzelsalat aufgetragen. Köstliches Quittenkompott beendete das Mahl.

Schnell trugen alle gemeinsam nun die fein säuberlich leergeputzten Teller in die Küche. Die größeren zogen den kleineren Kindern Mäntel und Schuhe an, der Vater verteilte die selbstgeschnitzten Holzlaternen an die Familie. Dann verließen sie durch die Söllertür das Haus. Draußen hatte leichter Schneefall eingesetzt. Wie verzaubert lag der Garten vor ihnen im weißen Winterkleid. Lautlos sanken dicke Flocken auf die Erde herab. «Ein Weihnachtsgeschenk», freute sich die Mutter still.

Helge versank in Gedanken. Vor dem Essen hatte er die Eltern, als sie sich unbeobachtet glaubten, mit mehreren bunten Päckchen ins Wohnzimmer schleichen sehen. Nein, es gab wohl keinen Weihnachtsmann, alles war nur ein Märchen gewesen. Damit mußte er erst einmal fertig werden.

Inzwischen hatten sie den Garten durchquert, dann den Fluß erreicht. Hier, am Fuße einer Eiche, fand der Vater das Weihnachtslicht, eine dicke Kerze, die mitten im Schnee einen milden Schein verbreitete. Der Junge sah nach oben. Am Himmel zeigte sich zwischen dunklen Wolken ein glänzender Stern. Auch die Mutter bemerkte ihn. Andächtig stimmte sie das Lied «Hohe Nacht der klaren Sterne» an, und die hellen Stimmen klangen weit über den Fluß.

Mit dem Weihnachtslicht zündete nun jeder die Kerzen seiner Laterne an. Langsam ging es zurück zum Haus. Hier erstrahlten die Lichter des großen Tannenbaums bald in hellem Glanz. Schön sah er aus, Helge schaute ihn bewundernd an. Die Tanne stand auf einem gewaltigen Wagenrad, die lange Spitze lief noch ein gutes Stück unter der Decke entlang. Äpfel, Strohsterne, kleine Holzfiguren schmückten das dunkle Grün. Neben dem großen Bruder standen auch die jüngeren Geschwister, und er merkte, wie sie fast andächtig zum Weihnachtsbaum emporblickten. Das kleinere Schwesterchen hielt er schnell fest. Zu gern hätte es die hellen Kerzen einmal angefaßt. «Heiß», sagte er warnend. «Eisssss», antwortete es mit glücklichen Augen.

Nach dem Vorspielen der eingeübten Musikstücke ging es ans Auspacken der Geschenke. Dabei wurde sehr genau darauf geachtet, das Einpackpapier nicht zu beschädigen, die Knoten der Bänder mit den Fingern zu öffnen, anstatt Schere oder Messer zu Hilfe zu nehmen.

Das Päckchen seiner Pateneltern enthielt eine Schachtel mit selbstgebackenen Plätzchen. Die schmeckten lecker! Der Junge konnte sich noch gut daran erinnern, denn auch im Vorjahr hatte er ein solches Geschenk erhalten. Von der Tante erhielt er ein dickes Buch. Begeistert blätterte er darin. Weiter stand an seinem Platz ein großer Kasten, wunderschön bemalt. Er sollte für wichtige Dinge zum Aufbewahren sein, erklärte ihm der Vater. Eine warme Mütze und ein langer, bunter Schal fand sich ebenfalls unter den Geschenken. Und natürlich fehlte auch ein bunter Teller mit Äpfeln, Apfelsinen, Plätzchen und Nüssen nicht.

Nach der Bescherung lasen Vater und Mutter die viele Weihnachtspost vor. Und so wanderten die Gedanken des Jungen wieder zu seinem Problem, doch halt! Nein, es war kein Problem mehr für ihn. Gut, es gab also keinen Weihnachtsmann, es machte ihm jetzt nichts mehr aus, daß die Gaben in Wirklichkeit von den Eltern stammten. Doch dieses Geheimnis würde er hübsch für sich behalten. Sollten die Kleineren ruhig weiter daran glauben, diesen Zauber, dieses schöne Gefühl würde er ihnen nicht rauben. Irgendwann einmal kämen sie von selbst darauf, so wie er.

Der Blick der Eltern ruhte auf dem schweigsamen Jungen. «Ich glaube, der Große ist heute wieder ein Stückchen gewachsen», meinte leise die Mutter. Der Vater nickte nachdenklich. «Ja, er ist ein kleines Stück erwachsener geworden.»

Ursula Pecher

Naschkatzen

Es war das Nachkriegsweihnachten 1946 am Heiligabend. Mutter hatte noch alle Hände voll zu tun. Vater und ich saßen in der Küche und hatten die Aufgabe, den Weihnachtsbraten zu begutachten, der in der großen Pfanne leise vor sich hinschmurgelte. Er durfte nicht anbrennen. Ein Kaninchen war es, welches der Nachbar mit anderen zusammen das Jahr über aufgezogen hatte. Die Bescherung ließ noch eine Weile auf sich warten. Doch der Duft des Bratens zog durch die Wohnung und in unsere Nasen und Gaumen.

Plötzlich sagte mein Vater zu mir: «Paß auf, wir müssen einmal nachschauen, ob der Braten schon gar ist!»

Sprach's, nahm ein Messer und schnitt ein Vorderläufchen

ab. Gemeinsam knabberten wir das Fleisch von den Knochen. Es schmeckte uns herrlich, denn wir hatten nach dem Krieg das ganze Jahr über nicht so etwas Gutes.

Später kam meine Mutter dazu, und die Bescherung rückte in greifbare Nähe. Zuvor sah Mutter noch schnell einmal nach dem Braten und war sehr erstaunt, daß ein Läufchen fehlte. Vater meinte, das Kaninchen hätte nur eines gehabt. Mutter war ein wenig ärgerlich über diese Veralberei. Dann jedoch, als Vater sie in den Arm nahm, lachte sie und wünschte uns allen frohe Weihnachten.

Nun war es endlich soweit. Es klingelte leise in der Weihnachtsstube, und ich durfte hinein. Unter dem wunderschön geschmückten Weihnachtsbaum stand mein geliebter Kaufmannsladen, den ich jedes Jahr wieder bekam. Mutter hatte seit dem Herbst etwas Zucker, Mehl und Kürbiskerne gespart und daraus so eine Art Marzipan gezaubert. Aus diesem wurden nun kleine Brote, Würste und Brezeln geformt und der Kaufmannsladen damit gefüllt. Später kamen dann noch Tante und Onkel und mein kleiner vierjähriger Cousin Siggi. Unverwandt, mit großen Augen, schaute Siggi den Kaufmannsladen an. Ich ging an das Klavier und spielte die alten Weihnachtsweisen, und alle sangen gemeinsam. Zum Abendessen gab es Neunerlei, wie es bei uns im Erzgebirge am Heiligabend so Sitte war. Wir aßen von jedem ein bißchen. Es war Hirsebrei, Sauerkraut, Wurst und Klöße, Stollengebäck, Äpfel und Nüsse u. anderes. Jedes hatte seine Bedeutung. Gesundheit für Mensch und Tier, ein fruchtbares Jahr, immer etwas Geld im Haus, Schutz für Blitz- und Hagelschlag, kurzum Wünsche für ein gutes neues Jahr.

Am späten Abend gingen Onkel und Tante mit Klein-Siggi wieder nach Hause. Ich spielte noch ein bißchen mit dem Kaufmannsladen und entdeckte, daß der kleine Siggi unbemerkt meine Marzipanbrote, Würstchen und Brezeln gekostet hatte. Die angebissene Seite wurde nach hinten gedreht, so daß man auf den ersten Blick nichts bemerkte.

Doch ich gönnte es ihm, denn er hatte zu Hause nichts dergleichen. Nun mußte ich aber schnell ins Bett, denn es war schon sehr spät geworden.

Am 1. Weihnachtsfeiertag war es Tradition, die Großeltern zu besuchen, welche am anderen Ende der Stadt wohnten. Meine Großmutter, die an diesem Tage Geburtstag hatte, zog sieben Kinder auf. Etwa ein Dutzend Enkel, welche mit ihren Eltern am Ort wohnten, trafen sich alle zusammen am ersten Weihnachtstag bei den Großeltern. Das war ein Leben in der Wohnung. Wir Kinder saßen um den großen Küchentisch, lachten und spielten und hatten uns viel zu erzählen. Jeder Junge hatte eine Pfefferkuchenfrau bekommen und die Mädchen einen Pfefferkuchenmann. In der Stube hatten die Eltern und Großeltern Platz genommen und unterhielten sich. Das kleinste der Enkel im Kinderwagen sah mit großen Augen die Kerze an und lachte und krähte fröhlich mit.

Nach Einbruch der Dunkelheit machten wir uns auf den Nachhauseweg. Wir gingen durch den verschneiten Park hinein in die kleine Stadt mit den hellerleuchteten Fenstern, in denen Bergmänner, Engel und große Lichterbogen standen. Jedes Kind in der Familie hatte seine Figur, die Buben Bergmänner, die Mädchen Engel. Man konnte auch in die Zimmer hineinsehen. Auf den Tischen drehten sich Pyramiden, und in der Ecke stand der Nußknacker, meist in der Uniform eines Polizisten, bis zu einem Meter hoch.

Über die Feiertage waren keine Stromsperren zu erwarten, und auch nach den Jahren der Verdunkelung konnten sich nun alle wieder daran freuen. Am glücklichsten aber, glaube ich, waren die Großeltern, uns alle wieder beisammen zu haben und daß keiner fehlte.

Endlich war wieder eine friedvolle Zeit angebrochen.

Gabriele Engelbert
Die Weihnachts-Wäscheleine

Zum Heiligen Abend, so finden wir, gehört auf jeden Fall und am allerdringlichsten der Weihnachtsbaum! Auf Biegen und Brechen: ohne Weihnachtsbaum wäre Weihnachten nicht das, was es sein sollte!

«Haben wir schon einen Baum?» So fragte wohl eins von uns Kindern irgendwann in jeder Adventszeit. Je näher das Fest heranrückte, desto größer wurde ein leises Unbehagen.

«Weihnachtsbaum?» fragte dann meine Mutter jedesmal erstaunt zurück, so, als sei ihr dieses Wort vollkommen fremd. Sie hielt sehr viel von Überraschungen. Ich glaube, sie wollte dieses allerschönste Erlebnis des lichterstrahlenden Baumes auf keinen Fall vorher, und schon gar nicht vor uns Kindern, planerisch oder berechnend *bereden*!

«Ihr wißt ja...!» fuhr sie fort.

Wir wußten. Jetzt kam der Ausspruch unseres Großvaters. Jedes Jahr freuten wir uns an derselben Geschichte. «Erzähl!»

«Ihr wißt ja, euer Großvater ist ein sparsamer, aber liebevoller Mann. Als ich noch ein kleines Mädchen war, sagte er in jeder Adventszeit das gleiche: ‹Weihnachtsbaum? Also, das schlagt euch aus dem Kopf! Das ist dieses Jahr nicht drin.› ‹Aber›, und dabei strahlte er, als sei ihm gerade ein tröstlicher Gedanke gekommen: ‹Aber wir könnten immerhin eine Wäscheleine haben und sie grün anstreichen, ein paar Kerzen, wenn ihr wollt, lassen sich mit Wäscheklammern befestigen.›»

Wir lachten.

«Über diesen Ausspruch wurde meistens gelächelt», sagte meine Mutter. «Aber nie laut gelacht! Obwohl ich kein Weihnachten ohne einen zimmerhohen, leuchtenden Weihnachtsbaum erlebt habe, so war er doch jedesmal für uns keinesfalls selbstverständlich.»

Es ist merkwürdig, wie solche Familiengeschichtchen den Reiz, die Spannung und Vorfreude der Adventszeit erhöhen. Jedes Jahr muß das gleiche erzählt werden. Es gehört ebenso unerbittlich dazu wie die Adventskalender, Kerzenlicht, Bastelnachmittage, Lieder und der Duft frischgebackener Kekse. Natürlich kommen auch neue Geschichten dazu. An einem Weihnachtsfest zum Beispiel hatten wir tatsächlich eine Wäscheleine. Das kam so:

Wir bewohnten damals ein geräumiges Haus, fühlten uns aber noch nicht so recht heimisch. «Also Weihnachten können wir hier nicht feiern!» hatte Mutti gleich beim Einzug festgestellt, denn sie achtete immer auf dergleichen. «Man kann das Wohnzimmer nicht abschließen!»

Das Weihnachtszimmer wurde bei uns nämlich bereits morgens am 24. Dezember abgeschlossen und durfte als absolutes Heiligtum auf keinen Fall betreten werden! Nur die Eltern schlüpften in unbeobachteten Momenten oder mit aufregendem «Pssst! Achtung! Alle weggucken!» ab und zu hinein. In kurzen Notfällen sozusagen. Man hörte sie dann drinnen leise rascheln und knistern wie das Christkind selber.

Und in jenem Jahr nun die Katastrophe! Dieses Wohnzimmer, gleichzeitig Eßzimmer, offen zur Geschoß- und Kellertreppe, und Durchgang zwischen Flur, Küche und zwei Kinderzimmern, also etwa so abgeschlossen wie eine Bahnhofshalle – dieser Aufenthaltsraum konnte beim besten Willen nie ein Weihnachtszimmer werden!

«Hm, hm!» machte Vati.

«Hm, hm!» wiederholte er mehrmals in der Adventszeit.

«Irgendwie müssen wir doch Weihnachten feiern!»

Wir Kinder sahen ihn hoffnungsvoll an. Vati war ein phantasievoller Mann. Die Kühnheit seiner Erfindungen überraschte uns immer wieder.

Aber diesmal geschah nichts.

Beunruhigt, fast hoffnungslos, stieg ich am Abend vor Weihnachten in mein Bett.

«Weißt du noch, wie schön wir es früher immer hatten?» fragte meine Schwester Angelika nach einer Weile in die Dunkelheit unseres Zimmers hinein.

Ich konnte sie nicht trösten. Wir wälzten uns in unseren Betten.

Weder hatte sich das Wohnzimmer verändert, noch hatten wir irgendwo den kleinsten Zipfel einer Weihnachtstanne erspäht.

«Ach, Schiet!» brummte ich in mein Kissen, «ich hab sowieso überhaupt keine Lust mehr auf Weihnachten!»

Ich strengte mich wirklich an. Ich versuchte, keine Lust mehr auf Weihnachten zu haben! Kann sich jemand vorstellen, wie schwierig das ist? Ich merkte, wie ich Bauchweh bekam. Das bekam ich immer, wenn ich Sorgen hatte. Alles Schiet! Bauchweh – und daß man sich nicht mehr auf Weihnachten freuen sollte!

«Ich – auch – nicht», murmelte Angelika. Aber sie schlief schon halb. Sie schläft immer, ob sie nun Sorgen hat oder nicht.

Sorgen am Abend vor Weihnachten sind besonders ekelhaft, finde ich. Beim besten Willen konnte ich mir nicht vorstellen, was wir Weihnachten *anderes machen* sollten, als Weihnachten feiern! Aber ohne Weihnachtszimmer? Man konnte doch nicht in einem der kleinen Schlafzimmer feiern!

Was dann?

Am Morgen fegte Angelika ins Schlafzimmer. Sie war schon angezogen. «Komm! Komm sofort!» schrie sie. Und dann lachte sie, so schallend, so überkippend fröhlich, wie überhaupt nur sie lachen kann. «Mensch! Steh auf! Es ist Weihnachten!» Sie rüttelte und knuffte mich, ihre blauen Augen und alles an ihr lachte und jubelte.

«Weihnachten?» Verschlafen kam ich hoch. Weihnachten, ach, das konnte ja nicht sein dieses Jahr.

Von drüben hörte ich die aufgeregten Stimmen der

Schwestern. Zögernd folgte ich Angelika und steckte meine Nase in unsere ‹Bahnhofshalle›.

Und da sah ich – Bettlaken!

Bettlaken mitten im Wohnzimmer. Dicht und doppelt an eine *Wäscheleine* geklammert.

«Da bist du ja endlich!» riefen die anderen und umringten mich.

«Unsere Wäscheleine!» rief Ulla, meine älteste Schwester. «Wirklich und wahrhaftig eine Wäscheleine! Nu wird's weihnachtlich!»

Die Wäscheleine war an der einen oberen Ecke des zimmerhohen Bücherregals befestigt und am anderen Ende oben um das Stahlgerüst der offenen Geschoßtreppe geknotet.

Diesseits war die jetzt düstere Eßecke und dahinter...

Vati strahlte übers ganze Gesicht. «Wehe, wenn einer dahinter lauert!»

«Dahinter, dahinter!» flüsterte mir jemand ins Ohr, «dahinter ist das Weihnachtszimmer!»

«Dahinter, dahinter!» schrie die kleine Annett, klatschte in die Hände, packte mich und tanzte mit mir im Nachthemd durchs Zimmer.

Könnt ihr euch vorstellen, wie leicht und fröhlich mir plötzlich zumute wurde? Alles Bauchweh war wie weggeblasen. Statt dessen konnte ich beim Frühstück nicht stillsitzen. Ausgeschlossen! «Ich kann unmöglich was essen! In mir kribbelt's so!»

In uns allen kribbelte es. Wir Kinder sprangen auf. Vorfreude, Spannung bis zum Platzen war in uns. Wir tobten bis zum Dachboden hinauf und wieder hinunter, wir standen im Weg, wo wir nur auftauchten, wir wußten durchaus nicht wohin mit uns an diesem endlosen Tag mit seiner allerlängsten, allerschönsten Warterei des Jahres. Und immer wieder standen wir vor der Wäscheleine. Was wohl auf der anderen Seite...? Uns wurde fast schwindlig vor Aufregung! Wenn man die Augen zusammenkniff und scharf hinsah, konnte man sich einbilden, gegen das Tageslicht drüben die Silhouette eines Baumes zu erkennen. Aber, um die Spannung zu erhöhen, redeten wir uns ein, es könnte vielleicht *nicht* so sein. Was dann?

«Wieso? Was soll da sein?» sagte Ulla. «Die andere Seite der Wäscheleine! Was sonst?»

«Oh, wenn Großvater das wüßte!»

Weihnachten nahm seinen Verlauf. Die Zeit, sie schlich dahin, so langsam, wie sie nur am Heiligen Abend schleichen kann!

«Bald bin ich alt und grau!» schimpfte Angelika. «Und immer noch ist nicht Weihnachten!»

Doch, o Wunder, es wurde Weihnachten, bevor wir alt und grau waren. Wir standen, weihnachtsfein, mit Mutti vor der Wäscheleine.

«Dreht euch alle um!» befahl Vati. Wir taten es, kniffen die Augen zusammen und hörten Vati ächzen und rumoren.

Nach Minuten der Ewigkeit klingelte das Weihnachtsglöckchen. Als wir aufschauten, stockte uns der Atem. So zauberschön leuchtete und glitzerte der große Weihnachtsbaum. Jedes Jahr meint man: so schön ist er noch nie gewesen!

Ganz laut atmete Annett auf. «Also nicht nur Kerzen auf der grünen Leine!» Und sie sah sich um. Aber die Wäscheleine war verschwunden. Später sah ich sie zusammengerollt an der Treppe liegen.

«Oh, du fröhliche...!» begann Mutti. Wir alle stimmten laut ein. Denn fröhlich waren wir, oh, so fröhlich!

Am nächsten Tag setzte ich mich ins Weihnachtszimmer, das jetzt nicht im mindesten nach Bahnhofshalle aussah, und schrieb:

Lieber Großvater! Du wirst es nicht glauben, aber wir hatten gestern tatsächlich eine Wäscheleine. Und *außerdem* einen Weihnachtsbaum! Denn wir finden, der gehört am allerdringendsten zu Weihnachten...!

Sylvia Schönhof
Engel in Not

Einmal stand ich auf den Brettern, die angeblich die Welt bedeuten sollen, und zwar 1947, als die Klasse 4 c in der Aula der Grundschule in Berlin-Prenzlauer Berg eine vorweihnachtliche Theateraufführung veranstaltete, zu der die Eltern, Geschwister und sonstige Anverwandte nebst Nachbarn und Gästen eingeladen waren.

Nach schwieriger Rollenverteilung – schwierig, weil zum einen jede Mitwirkende zu ihrem Spiel Wünsche und Vorstellungen hatte, die alle sozusagen unter einen Hut gebracht werden mußten, und zum anderen Rivalitäten aus Altersunterschieden erwuchsen, denn durch Kriegseinwirkungen waren auch einige wenige Jahre ältere Mädchen in der 4 c, wurden wochenlang Texte gelesen, auswendig gelernt, geprobt und immer wieder geprobt. Unsere Klassenlehrerin, Frl. Rother, eine junge, unverheiratete Frau, deren Verlobter aus dem Krieg nicht zurückgekommen war, und an der wir alle sehr hingen, organisierte, dirigierte und bezog auch einige Mütter in die Vorbereitungen mit ein. Es mußten nämlich Kostüme für acht Engel, den Mond und Knecht Ruprecht geschneidert werden, wobei die Kostümfrage für die Engel insofern leicht zu lösen war, als daß wir alle lange weiße Nachthemden trugen, die mit Sternen verziert waren. Die Sterne hatten wir selbst aus Pappe und Silberpapier gebastelt, und unsere Mütter hatten die kostbaren Requisiten auf die Nachthemden genäht. Die Engelsflügel fertigte eine besonders handwerklich begabte Mutter einer Mitschülerin. Obenherum sahen wir also alle ähnlich aus, nur die Fußbekleidungen waren sehr unterschiedlich, jede trug, was sie hatte.

So kam also der große Abend heran. Die Aula war wirklich bis auf den letzten Platz gefüllt, und Stimmengewirr brandete zu uns herauf. Wir warteten aufgeregt zwischen der Kulisse, die aus blauem Stoff, auf dem silberne Sterne prangten und den nächtlichen Himmel darstellen sollte, und dem uns vom Publikum trennenden Vorhang, der nicht ganz auf den Boden reichte, auf unseren Auftritt. Das Herz klopfte, der Text war aus dem Gedächtnis wie weggeblasen, einige Sterne waren schon zerknittert, und ein Flügel ging aus dem Leim, kurzum, es herrschte das Chaos. Langsam erstarben die Stimmen im Saal, und es breitete sich erwartungsvolle Stille aus. Mitten in diese Stille schallte die Stimme meines jüngeren Bruders, der laut verkündete, daß er die Hausschuhe seiner Schwester, die unter dem Vorhang hervorlugten, erkannt hatte. Ich wäre vor Scham am liebsten im Bühnenboden versunken – aber nun ging der Vorhang auf, die Aufführung, bei der wir zunächst gemeinsam ein Lied sangen, begann und nahm ihren weiteren Verlauf – bis – ja bis Dorit, die eigentlich Dorothea hieß, welches ein viel zu langer Name für so ein kleines, dünnes Mädchen war, d. h., dünn waren wir fast alle, denn bei den meisten herrschte Schmalhans Küchenmeister – bis also Dorit mitten in ihrem Text steckenblieb. Sie stand hilflos wie mit Blut übergossen da, und auch das Flüstern unserer Regisseurin, die hinter der Kulisse stand, half nichts. Es herrschte Ruhe auf der Bühne, und langsam begann ein Wispern im Saal.

Helga, unser Pfiffikus, immer betriebsam und mit dem Mundwerk vorneweg, rettete die Szene, indem sie ein paar improvisierte Worte zu dem in Not geratenen Engel sagte, welche diesem einen plausiblen Abgang verschafften. Helga begann dann ihren eigenen Part, so daß alles wieder ins Lot kam. Der weitere Verlauf der Aufführung war dann reibungslos, und selbst Dorit schaffte mühelos ihre nächste Passage, nachdem sie von Frl. Rother mit dem Hinweis getröstet worden war, daß selbst berühmte Schauspieler vor lauter Lampenfieber mal ihren Text vergessen würden.

Es war ein großer Erfolg, wir wurden mit Applaus förmlich überschüttet. Mütter beschenkten uns mit selbstgebakkenen Plätzchen, wofür sie Lebensmittelmarken geopfert hatten. Alle waren stolz – wir und besonders unsere Eltern auf uns, alle waren glücklich und nahmen einen Abglanz der Freude mit nach Hause, mit in das nahe Weihnachtsfest.

Edgar Dembeck
Das verliebte Schneeglöckchen

Es war eine schneereiche und stürmische Vorweihnachtszeit. Die Menschen stapften schon seit Tagen durch Matsch und hohe Schneeverwehungen. Da sie alle Weihnachtsvorbereitungen oder Einkäufe zu erledigen hatten, war ihnen der Blick und die Empfindung für die schönen winterlichen Naturerscheinungen verlorengegangen. Nur die Kinder, die sich über die Kälte und Schneemassen freuten, konnten noch spontan diese Gefühle entwickeln.

Die Natur dagegen genoß den Winterschlaf, und die meisten Kreaturen waren glücklich über diese Ruhe, die in den tiefverschneiten Wäldern herrschte.

Die Bäume allerdings hatten eine sehr schwere Last zu tragen und stöhnten fürchterlich; aber die Tannen und Fichten lachten nur darüber, denn sie waren jetzt besonders stolz, so festlich geschmückt auszusehen. Und so war der Winter wie immer des einen Freud und des anderen Leid.

Je näher die Stunde des Weihnachtsfestes kam, desto unruhiger wurden nicht nur die unzähligen Tannenbäume, sondern auch die zwei einsamen Schneeglöckchen, die aus purer Neugierde und einer Laune heraus sich entschlossen hatten, einmal in ihrem Leben zur Weihnachtszeit zu blühen. Das hatte jedoch innerhalb der riesigen Schneeglöckchenfamilie jahrhundertlange Diskussionen und Streit hervorgerufen.

Die beiden Schneeglöckchen aber wollten unbedingt am Weihnachtsfest teilnehmen und waren fest entschlossen, das festliche Treiben im Wald zu beobachten. Und so standen sie durchgefroren und mit hängenden Köpfen unter einer mächtigen Tanne und warteten auf das große Ereignis, von dem sie so viel gehört hatten.

«Das soll das Fest der Liebe sein?» stieß die etwas ältere Schneeglocke ihre Schwester von der Seite an und zitterte vor Kälte. «Hätten wir doch nur auf unsere Eltern gehört und wären erst, wie es unsere alte Tradition gebietet, im Frühjahr wieder zur Erdoberfläche gewandert!» jammerte die kleinere von beiden und hatte solche Angst, daß ihr schneeweißes Glöcklein noch lauter und heftiger schlug.

So standen sie mehrere Stunden im eiskalten Wind, der kräftig an ihren dünnen Hemdchen zupfte und Millionen silbrige Sternchen aufschüttete. Ihnen stand der Schnee bis zum Glockenrand, und sie hatten immer mehr Mühe, sich irgendwie an den Händchen festzuhalten. Die Situation wurde für das Geschwisterpaar immer dramatischer. «Wie konnten sie sich aus dieser mißlichen Lage befreien? Warum trafen sie nicht den Weihnachtsmann oder erlebten das so berühmte Weihnachtswunder?» Diese Fragen stellten sie sich gegenseitig und die jüngere Schneeglocke wurde vor Schwäche schon fast ohnmächtig. Verzweifelt rief die große Schwester laut um Hilfe. Sie schüttelte das Köpflein so arg und heftig, daß es ihr ganz schwindelig wurde. Immer wieder klangen ihre hellen Glockentöne im verschneiten Wald wie eine aufgeregte, hilfesuchende Melodie.

Doch die Weihnachtsbäume blieben stumm, auch sie konnten den beiden armen und unglücklichen Schneeglöckchen nicht helfen. Ausgerechnet am heutigen Heiligabend kam kein Mensch, um einen Baum für das Fest zu holen. Doch einer hörte das Glöcklein. Er war so entzückt, daß er vor Freude aus seiner Schneehöhle sprang und den verlokkenden Tönen folgte. Da dieses Wäldchen sein Lieblingsrevier war, kannte er jeden Baum und Strauch. Gerade im Winter fühlte er sich am wohlsten, denn er war der bekannte und allseits beliebte Schneehase Adventas. Adventas streckte seine langen Ohren hoch aus dem tiefen Schnee und lauschte den immer leiser werdenden Glockenklängen. Endlich stand er vor dem Tannenbaum und schaute mit großen Augen auf das hübsche Schneeglöckchen, das traurig seinen Kopf schüttelte.

«Wer bist denn du? Hast du dich denn nicht in der Zeit geirrt?» fragte Adventus das fast in den Schneemassen versinkende Glöckchen.

«Ich, ich... bin die Schneeglocke Aurelia aus dem Aura-Tal und wollte mit meiner Schwester...» und dabei deutete sie mit ihrem beinahe abgefrorenen Blatt auf eine total zugeschneite Stelle... «einmal das weltbekannte Weihnachtsfest auf Erden erleben. Bist du der berühmte Weihnachtsmann?»

Der Schneehase lachte lauthals und antwortete mit ruhiger Stimme: «Nein! Ich bin der Schneehase Adventus und wohne schon lange hier im Wald. Deine sehnsüchtige Melodie hat mich aus meinem Häuschen gelockt. Ich möchte dir und deiner Schwester gerne helfen, wenn ich darf. Für uns Schneehasen ist das selbstverständlich!»

Aurelia lächelte erleichtert und weinte vor Freude. «In diesen Schneehasen, der so süß und lieb ist, könnte ich mich sofort verlieben!» dachte Aurelia, während Adventus sich daranmachte, sie ganz vorsichtig aus dem Schnee zu befreien. Als er sie schließlich ausgegraben hatte und liebevoll auf den Arm nahm, drückte sich Aurelia zärtlich an die samtweiche Wange des Schneehasen und bimmelte laut vor Glück mit ihrer Glocke. Adventus war von den lieblichen Klängen so verzaubert, daß er alles um sich herum vergaß. Auch die jüngere Schwester von Aurelia.

«Hey, Adventus», flüsterte Aurelia ihm leise ins Ohr, «wir müssen auch meine kleine Schwester retten, bitte, bitte!!» Dabei schaute sie ihn besonders lieb an. Adventus legte Aurelia wortlos ab und grub die fast erfrorene Schwester aus. Dann nahm er sie unter den Arm und hoppelte zu seiner Schneehöhle. Beide Schneeglöckchen kuschelten sich an ihn und waren über dieses Zusammentreffen überglücklich.

«Das ist also Weihnachten», dachte Aurelia laut und zupfte verlegen an ihrem Kleidchen, «wenn man sich Heiligabend in einen gutaussehenden Schneehasen verliebt und annimmt, es sei der Weihnachtsmann.» Dabei grinste sie innerlich, freute sich aber sehr über diese Begegnung.

Als sie nach einer langen Wanderung das erleuchtete Anwesen des Schneehasen erreichten, waren alle drei so glücklich, daß sie beschlossen, für immer zusammenzubleiben. Auch Adventus erwiderte die Liebe von Aurelia und strich ihr zärtlich über das hübsche Gesicht.

«Immer möchte ich für dich dasein und für dich sorgen, Aurelia», und dabei schaute er ihr verliebt in die Augen.

Als schließlich um Mitternacht alle Sterne dieser Welt das Weihnachtslied «O du fröhliche...» sangen, traten der Schneehase und die beiden Schneeglöckchen vor die Hütte, um still und bewegt zugleich dieser wunderbaren Melodie zu lauschen. Dann fielen sie in die zweite Strophe mit ein, und laut klangen die Glocken durch den schweigenden Winterwald. Selbst Adventus summte dieses Lied und nahm sein Schneeglöckchen in die Arme.

«Ein frohes Weihnachtsfest, Aurelia, und nun weißt du, warum es das Fest der Liebe genannt wird. Es gehören eben immer eine glückliche Rettung, eine uneigennützige Hilfe und die wahrhaftige Liebe dazu!»

Katharina Seidel
Jesus wurde in Belén geboren

Pater Berni ritt durchs Gebirge von Chapiquiña nach Belén. Drei Andendörfern sollte er in diesen Tagen die frohe Botschaft bringen: Der Erlöser ist geboren. Er hatte, nach dem Kalender zwei Tage verfrüht, in Murmuntani Weihnachten gefeiert, einen Tag darauf in Chapiquiña, um die Heilige Nacht selbst in Bethlehem zu verbringen. Nichts anderes nämlich bedeutet der spanische Name Belén, und die Belenenos sind stolz auf diese Namensgleichheit. Sie würden Stein und Bein schwören, daß es ihr Dorf gewesen sei, wo die Madonna und Sankt Joseph unterkamen, als sie in jenem anderen, engherzigen Bethlehem nicht aufgenommen wurden. Die Ururgroßeltern ihrer Ochsen und Esel waren es gewesen, die mit ihrem warmen Atem das Christkind vor dem Erfrieren bewahrten. Und in dieser Deutung, die auf geographische Finessen pfeift, war eine Menge Wahrheit.

Während Berni auf seiner Stute bei wachsender Dunkelheit hinauftrabte, geschah es, daß ihn die Erschöpfung überkam. Zwar aufrecht, aber den Kopf nach vorn gesunken, gelangte er zum Paß, von dem der Weg sich wieder abwärts nach Belén hinunter neigt. Die Stute kannte jeden Steig und Stein von hundert Wanderungen über das Gebirge, und sicher haben Pferde, genau wie Menschen, einen Schutzengel:

Um Mitternacht schlug Berni die Augen auf und fuhr zusammen: Im leichenblassen Licht des Vollmonds sah er, daß nur eine Handbreit und kein Finger mehr die Hufe seiner Stute von einem finstertiefen Abgrund trennte. Er gab keinen Laut von sich, denn ihm war augenblicklich bewußt, daß dann das Pferd zur Seite treten würde – in seinem Herzen aber schrie er auf in Todesangst: «Herr, rette mich, wenn Du meinen Dienst noch willst! Ich verspreche Dir, daß ich den ersten

Wunsch, den ein Mensch an mich richtet, als Deinen Wunsch erfüllen will, was immer es auch sei.»

Und siehe, die Stute wandte sich, gottlob, soliderem Gelände zu.

«Danke!» rief Berni aufatmend.

Dann aber überfiel ihn mit neuerlicher Beklemmung die Vorstellung, was sein Gelübde anrichten könne. Seine junge, ansehnliche Gestalt und seine blonden Haare konnten irgendeine Señorita zu abwegigen Wünschen verleiten. Oder die Gier irgendwelcher Desperados konnte sich auf die Börse richten, die alle die Pesos enthielt, die seine Freunde und Verwandten aus dem Emsland ihm geschickt hatten und die in seinen Gedanken längst vergeben waren.

Doch als er alle Möglichkeiten so hin und her erwogen hatte, lachte er hellauf: «Du wirst Dir schon das Rechte einfallen lassen!» Und er dankte noch einmal von Herzen, daß er diesen Morgen, der sich mit einem Aufglühen der höchsten Gipfel anzeigte, noch erleben durfte.

Er überschlug in Gedanken genau den Plan für diesen Tag:

Maria, die Frau des Nachbarn, würde schon mit dem Frühstück auf ihn warten. Dann kämen die Mayordomos, Protagonisten jener uralten seltsamen Liturgie, die in Belén zur Christnacht gehörte, damit er ihnen die bunten Bänder und Wimpel herausgäbe. Er würde den Prozessionsweg begutachten und mit den Mayordomos an die Spitze treten, um mit ihnen bei Gitarrenspiel der Pachamama – Mutter Erde – und ihrem Schöpfer Wein zu opfern. Dann würden sie im Mittelgang der Kirche die Krippe vorbereiten. Anschließend würde er im wurmstichigen Beichtstuhl sitzen und den kleinen Verfehlungen seiner Indios lauschen bis zur Mette.

Die Pläne des Paters griffen wie Zahnräder ineinander. Wenn nur niemand, bitte niemand! diese Maßarbeit stören und ihn aufhalten würde!

So bog er um die letzte Biegung seines Weges. Im hellen Morgenlicht lag das Tal von Belén. Die Hütten drängten sich um Kirche und Campanile – ein Anblick, der ihn jedesmal vor Zärtlichkeit fast auseinandersprengte.

Der erste Mensch, dem Berni an diesem Tag begegnete, war Fermin Hernandez, ein Tagelöhner ohne eigenen Besitz, der Letzte in der Wertschätzung des Dorfes. Er saß auf der Mauer am Hohlweg wie ein Rabe auf dem Ast in seinem dunklen Poncho, mit dem hageren Gesicht, aus dem die Hakennase vorsprang. Neben ihm lehnte die übervoll mit frischem Gras gefüllte Kiepe.

Fermin schien den Priester bereits zu erwarten. «Gott grüß dich, Fermin!» rief Pater Berni und wollte vorbeireiten. Aber der Alte glitt mühsam von der Mauer. «Gelobt sei Jesus Christus, Padrecito!»

Gebeugt von den Lasten seiner siebzig Jahre, den Hut in den Händen, die Augen zur Erde gerichtet, stand Fermin mitten auf dem Weg.

«Darf ich nachher bei der Messe, auch bei der Kommunion, dabeisein?»

«Aber sicher, Fermin! Sie ist doch da für alle.»

«Ich habe nie Erstkommunion gemacht und mich bis heute nie getraut zu fragen.» – «Wie geht das zu?» fragte Berni verwundert.

«Damals nahm der Patron meinem Vater das Land, weil wir ganz verschuldet waren. Aber ohne Fest, sagte Vater, sollte sein Ältester nicht Erstkommunion halten.»

Er schluchzte auf.

«Ich sehne mich, den Herrn zu empfangen, wenn ich auch weiß, daß das eigentlich ganz unmöglich ist.» –

«Er wartet bestimmt besonders auf dich», sagte Berni.

«Ich bin ein großer Sünder, Padrecito, bitte hören Sie meine Beichte!» –

«Am Abend vor der Mette bin ich im Beichtstuhl.» –

«Nein, jetzt gleich, Padrecito, es möchte sonst nicht reichen für über sechzig Jahre Sünden.» –

«Das also wünschst du dir von mir!» murmelte Berni und blickte zum Himmel.

Fermin, der meinte, es gelte ihm, antwortete: «Ja, Padrecito, ich weiß, daß ich es nicht wert bin.»

«Geh schon voraus!» sagte der Pater.

Unter der niedrigen Tür der Pfarrhütte wartete Maria und strahlte ihm entgegen. Ihr bräunliches Gesicht ließ Berni unwillkürlich an heißen Kaffee denken. Aber gehorsam seinem Versprechen, winkte er ab. «Nicht böse sein, Maria! Ich muß erst in die Kirche hinüber und Beichte hören.»

«Vor der Mette!» –

«Nein, gleich. Fermin Hernandez...»

«Der Säufer!» brach Marias Zorn heraus. «Das Säuferlein, Sohn eines Säufers und einer Säuferin, kann er nicht warten wie andere?» – «Der Freund des Herrn!» korrigierte Berni, und ihr ärgerliches Lachen verfolgte ihn, als er zur Sakristei hinüberging.

Die Mayordomos standen schon an der Tür. Doña Dora und Don Baldomero waren dieses Jahr die Autoritäten; sie trugen die Verantwortung für das kirchliche Inventar und alle Marienfeste. Jetzt warteten sie mit den Mayordomos des Vorjahres und ihrer ganzen Großfamilie auf den Stoffschmuck. Berni schloß die riesige Truhe auf und verteilte bunte Bänder und Wimpel an die beiden Paare. Dann schwärmten alle aus, die Kinder über Wiesen und Felder, um Gräser und Blumen zu sammeln, die Männer, um junge Eukalyptusbäume zu schlagen. Und das festlich erregte Geschrei verlor sich.

Der Pater trat in die tiefe Stille der Kirche ein und kniete vor dem Altar nieder, während aus dem dunklen Raum ab und zu ein Stöhnen, Murmeln, Schluchzen zu ihm drang. Er bekreuzte sich, stand auf, schritt zum Beichtstuhl hinüber und schlüpfte hinein. Der schlurfende Schritt des Alten näherte sich, und Berni hörte die Gelenke knirschen, als Fermin niederkniete.

«Haben Sie Schmerzen?» fragte er unwillkürlich.

«Ja, und mein ganzes Leben schmerzt mich», sagte Fermin, «ich bin ja dem Teufel Alkohol verfallen.» Er schluckte. «Mein Vater fing das Saufen an, als wir nach zwei Mißernten beim Patron verschuldeten und unser kleines Sück Land verloren. Bald trank auch die Mutter. Wir Kinder hatten nichts zu essen. Ich habe oft gestohlen: Mais, Eier, manchmal auch ein Huhn.»

Ohne Übergang mischten sich Selbstanklage, Lebensbericht und Anklage in Fermins Beichte.

«Ich hüte die Kühe des Patrons. Ich trage den Bauern das Heu von den Bergwiesen herunter und schiebe den Karren mit Kartoffeln oder Ziegeln die Dorfstraße hinauf. Dafür darf ich im Haus, das dem Patron gehört, wohnen. Sie geben mir Essen – und Pisco. Sie lachen mich aus und verachten mich. Ihre Hunde heben an mir das Bein. – Aber ich bin ja auch ein großer Sünder, bei Gott und der Heiligen Jungfrau.» –

«Gott hat dich lieb. Er ist es ja, der dir in all den Jahren die große Sehnsucht eingegeben hat.»

Fermins Stöhnen ging in ein Aufjauchzen über, bevor er fortfuhr, dem Faden seines langen, elenden Lebens nachzutasten. –

Als Pater Berni den Beichtstuhl verließ, stand der Alte mit gebreiteten Armen im Mittelgang. Berni hörte im Hinausgehen, wie er mit seiner brüchigen Stimme zu singen begann. «Adeste fideles...» – Er sang wahrhaftig Latein, wie man es ihn in seiner Kindheit gelehrt hatte.

Auf dem Kirchplatz war inzwischen das ganze Dorf versammelt. Ein junger Mann im schwarz-roten Poncho stimmte seine Gitarre, und die Prozession formierte sich, zog vor das Haus der Mayordomos, wo sich unter den gewaltigen Triumphbögen aus Blumen und Gras das Opferritual vollzog.

«Ein heidnischer Brauch!» hatte im Vorjahr ein Besucher bemerkt, Tadel in der Stimme.

«Ein getaufter Brauch», hatte Berni erwidert.

Mit einem Dank an Gott goß er jetzt ein wenig von dem Wein auf die Erde, ehe all die Menschen herantraten und ihren Schluck empfingen.

Berni gewahrte, daß Fermin abseits stehenblieb, seines Vorsatzes eingedenk, den Alkohol zu meiden. Aber seine Augen über den hageren Backenknochen strahlten.

Als Fermin vier Stunden später Erstkommunion hielt, stießen die Leute sich an und tuschelten – er bemerkte es nicht einmal. Sein rauher, verstimmter Baß übertönte am Schluß der Mette den Gemeindegesang: «Noche de Dios, noche de Amor...»

Er umarmte seine Nachbarn, sang ihnen die Botschaft ins Ohr: «Christ, der Retter ist da!»

Und alle in Belén waren sich einig, Fermin Hernandez sei wieder einmal stockbetrunken gewesen.

Der Priester brach am Weihnachtstag erneut auf, um seine frohe Botschaft nach Arica weiterzutragen. –

Zum Fest der Unschuldigen Kinder erreichte ihn die Unglücksbotschaft. Sein Blick traf am Kiosk auf die Schlagzeile des «Stern von Arica»: «Blitz erschlug Landarbeiter.»

Er griff nach der Zeitung. «Am Ortseingang des Kordillerendorfes Belén wurde im Unwetter ein Landarbeiter vom Blitz erschlagen. Es handelt sich um den 69 Jahre alten Fermin Hernandez.»

Schon fand der Bote des Dorfes den Pater und bat ihn mitzukommen, um das Totenamt für den Verunglückten zu halten.

Auf dem Weg ins Hochgebirge hinauf erzählte der Mann, seit Menschengedenken habe es in Belén kein solches Unwetter gegeben. Die Leute seien ganz verängstigt; sie mieden

den Ort, wo Fermin vom Blitz getroffen worden sei und den jetzt ein Holzkreuz kennzeichne. Manche meinten, sagte der Bote, jemand habe ihr Dorf behext oder verflucht.

Pater Berni zog aus dieser Erzählung seine eigene Konsequenz: Kaum angekommen, lud er – von Haus zu Haus – seine Gemeinde für den Abend vor Fermins Beerdigung zu einer Prozession ein. Doña Dora trug die Weihrauchschale, Baldomero den Weihwasserkessel, ihr ältester Sohn läutete die Handglocke. Bald singend, bald schweigend folgten die Leute mit Fackeln und Laternen.

Am Ortseingang versammelten sich alle um das roh gezimmerte Kreuz. Der Priester segnete den Flecken Erde, wo der Blitz Fermin getroffen hatte.

«Nichts kann uns trennen von dem Gott, der uns in seinem Sohn Jesus Christus seine ganze Liebe geschenkt hat», sprach der Priester. Er erzählte, wie Gott den Fermin Hernandez aus seiner ersten Kommunion geradewegs in die himmlische heimgeholt habe. Und unter seiner strahlenden Stimme lebten die dunklen Gesichter auf.

Doña Dora blies den Weihrauch über das versengte Buschwerk und Gras, danach in alle vier Himmelsrichtungen. Baldomero reichte dem Pater den Weihwasserkessel, und Berni besprengte mit dem Wasser reichlich die Stätte, danach die Gemeinde, so daß die Fackeln knisterten.

Dabei kamen ihm die Worte des Angelus Silesius in den Sinn von Christus, der in uns geboren werden müsse. «Christus wurde in Belén geboren», sagte er, «unter unseren Augen.»

Ortfried Pörsel

Weihnachtswunsch

Der Esel, der im Stalle stand,
und auch der Ochs sind weltbekannt.

Noch vor den Hirten sahen beide
das Jesuskind, und drum beneide
ich sie ums Kind beim Lampenschein.

Ich möchte ausnahmsweise heut
ein Ochse oder Esel sein.

Helga Brueckl

Wo ist das Marzipan?

Obgleich es in meinem Leben durch die Auswanderung von Bremen nach Kanada viele aufrüttelnde Ereignisse gegeben hat, kann ich mich heute nach mehr als sechzig Jahren noch gut an ein Weihnachtsfest erinnern, als ich als Zehnjährige innerhalb von ganz kurzer Zeit ein trauriges Tief und gleich hinterher ein erfreuliches Hoch erlebte.

Es geschah am ersten Weihnachtstag 1933, und in unserem Haus wimmelte es von Besuchern. Großmutter, Tanten, Onkel, Vettern und Cousinen waren zu einem Festschmaus eingeladen, und der Duft von einem großen Weihnachtsbraten durchströmte die Räume. Alles war bis aufs kleinste vorbereitet. Der Tisch war gedeckt, die Schüsseln für Kartoffeln und Gemüse standen zum Füllen auf der Anrichte bereit, und die Teller waren angewärmt, als meine Mutter noch schnell in die Bodenkammer lief, wo sie ein großes Marzipan-Brot für die bunten Nachspeise-Teller versteckt hatte. Da Marzipan bei uns eine große Seltenheit war, sollte es eine besondere Überraschung für alle sein. Zu ihrem Schrecken konnte meine Mutter das Marzipan-Brot aber nicht finden, und nach vergeblichem Suchen kamen wir Kinder schließlich in Verdacht, es aufgegessen zu haben. Mein Bruder Detlev wurde als erster vernommen, weil er besonders gern Süßigkeiten naschte und keine Zuckerdose vor ihm sicher war. Jedoch blieb das Verhör im Arbeitszimmer meines Vaters ergebnislos. Nein, Detlev hatte das Marzipan-Brot nicht aufgegessen. Als nächste wurde meine Schwester Eva verdächtigt und danach Ellen, die jüngste. Als auch sie ihre Unschuld beteuerten, kam ich schließlich an die Reihe. Es schien nun keinen Zweifel mehr zu geben, daß ich als letzte die Schuldige sein mußte. Mein Vater sah mich schon strafend an, als ich neben seinem Schreibtisch stand, und bevor er dazu kam, mich zu fragen, ob ich das Marzipan gegessen hatte, fing ich an zu weinen, was für ihn der Beweis meiner Schuld war. Folgedessen durfte ich nicht an dem Festessen teilnehmen und wurde ins Spielzimmer verbannt, wo ich mich mit Nähen von Puppenzeug ablenkte. Ich erinnere mich noch heute, wie mir dabei zumute war. Da ich unschuldig war, fühlte ich mich ungerecht behandelt. Ein Gemisch von Ärger, Traurigkeit und Selbstmitleid bedrückte mich und nicht zuletzt ein starkes Hungergefühl. Wie ich hinterher erfuhr, wurde ich nicht nur zur Strafe vom Weihnachtsessen ferngehalten, sondern auch aus Rücksicht auf meinen Magen, in dem, wie angenommen wurde, ein Pfund Marzipan aufgestaut war. Durch die Tür, die ich einen Spalt geöffnet hatte, hörte ich das Klirren von Tellern und die fröhliche Unterhaltung im Eßzimmer, während sich meine Stimmung immer mehr dem Nullpunkt näherte. Doch sollte es nicht so bleiben. Plötzlich kam meine Mutter ins Spielzimmer und nahm mich reumütig in die Arme. Sie hatte sich daran erinnert, das Marzipan an einem anderen Ort versteckt zu haben, wo sie es dann auch wirklich fand. So wurde ich nun von allen bedauert und etwas verspätet mit Leckerbissen versorgt.

Was mich jedoch mehr erfreute und gleichzeitig erleichterte, war die Tatsache, wieder in die Familiengemeinschaft aufgenommen zu werden, und als wir dann alle gemeinsam Weihnachtslieder sangen, fühlte ich eine große Zusammengehörigkeit.

Heute weiß ich, daß Freude und Harmonie besonders geschätzt werden, wenn es vorher für eine Weile mal einen Mißklang gegeben hat. Auch habe ich mit zunehmendem Alter gelernt, meine Empfindlichkeit besser zu lenken und mich zu verteidigen, wenn es nötig ist.

Sonja M. Abel

Vergilbte Fotos aus Schottland

Eine Reise in den Norden Großbritanniens begann für mich mit einem nostalgischen Foto. Es war 11 × 17 cm groß, hatte einen zerrissenen Rand, und die Beschriftung auf der schmuddeligen Rückseite konnte ich nur mit Mühe entziffern: *P. Rafferty, King's Own Scottish Boarderers, Oldenburg – Germany*. Ungefähr 100 Männer in Uniform blickten frontal in die Kamera. Ich ließ ein Vergrößerungsglas darüber kreisen. Irgendwie sahen sie sich alle sehr ähnlich, winzig, wie sie abgebildet waren. Ich beschloß, das Foto nach Weihnachten zu dem Fotografen in der Bahnhofstraße zu bringen, um eine Vergrößerung zu erhalten. Der Fotograf war ein älterer Herr, der oft über vergangene Zeiten mit mir plauderte. «Ihr Foto ist doch nicht alt», eröffnete er einmal das Gespräch und zog aus einer Schublade ein noch älteres Foto. Auf dem Foto gab es auch einen Mann mit einer Trew, einer karierten Tartanhose. Der ganz vorne in der Mitte, der mit dem Kilt, war offensichtlich der Kompaniechef. Ich suchte einen einfachen Soldaten mit einem runden Gesicht, wie meines. Er hatte Segelohren, cauliflowerears heißen sie in Schottland, Blumenkohlohren. Endlich hatte ich es gefunden, ein fremdes und doch vertrautes Gesicht.

Ich steckte das Foto vorsichtig in meinen Koffer. Mitten in der heimeligen Vorweihnachtszeit entschloß ich mich spontan, nach Schottland zu fahren. Zu den Feiertagen wollte ich wieder bei meiner Familie sein. Ich spürte ein eigenartiges Kribbeln im Bauch, wie damals, als ich als «blinder Passagier» nach Schottland reisen wollte. Zu Hause auf dem Heuboden packte ich meinen Seesack. Das war in den sechziger Jahren. Aus jener Reise wurde nichts, aber was ich suchte, war sicher ähnlich. Damals und jetzt! Schottland konnte ich aus meinem Gedächtnis nie streichen, wußte ich doch, daß ich zur Hälfte schottischer Abstammung bin. In den siebziger Jahren unternahm ich einen zweiten Versuch, nach meinen «Wurzeln zu graben». Die Reise fand zwar statt, davon zeugen noch Fotos aus Dundee, meine Suche aber blieb wieder erfolglos. Selbst das Record Center, eine Art zentrales Meldeamt in London, war nicht in der Lage, den Mann, den ich auf dem vergilbten Foto mit einem Vergrößerungsglas gesucht hatte, zu finden.

An all das mußte ich denken, als ich nun mit meiner inzwischen erwachsenen Tochter nach Schottland aufbrach. Wir fuhren durch das weihnachtlich geschmückte Celle, das nach längerer Abwesenheit wieder meine Heimatstadt geworden war. Lichterketten zierten die ohnehin schmuckreichen Fassaden der Fachwerkhäuser. Schneematsch versprach keine angenehme Reise. Das Schiff von Calais nach Dover schaukelte zu allem Überfluß wie eine Nußschale. Durch die Bullaugen war wechselweise nur das Meer oder der Himmel zu erspähen. An einem Keyboard saß ein junger Mann und sang «White Christmas» und andere bekannte Weihnachtslieder. Das Schiff schwankte dermaßen, daß einige Gläser mitsamt dem Weihnachtsschmuck auf den Boden rutschten. Die Stewardeß räumte gelassen alles ab.

Während der Fahrt durch England liefen die Scheibenwischer wegen des heftigen Regens auf Hochtouren. Es war nicht schwierig, eine Unterkunft zu finden. An vielen Privathäusern hingen einladende Schilder mit der Aufschrift «bed & breakfast». England im Dezember war grau und naß. Wir nahmen die Autobahn London-Birmingham-Manchester. Endlich erreichten wir Schottland bei Gretna Green und fuhren weiter in Richtung Glasgow. Die Fahrt war anstrengend und gefährlich. Lastwagen schütteten unsere Frontscheibe voll Wasser. Die Sicht war katastrophal. Ich kannte England und Schottland im Frühling mit unzähligen wildwachsenden Narzissen und sattgrünen, samtigen Berghängen, auf denen Schafe friedlich weideten. Trostloser als jetzt konnte ich es mir nicht vorstellen. Doch ich hatte ein Ziel vor Augen, das die Landschaft zweitrangig erscheinen ließ. Nach Einbruch der Dunkelheit lag am Nordufer des Firth of Tay in seinem weihnachtlichen Lichterglanz Dundee vor uns. Unser Wirt im Guest House war im Grunde freundlich, mochte aber die Deutschen und auch die Engländer nicht. Ich erklärte ihm meine schottische Abstammung und nannte mich «war child». «Ach, eine von jenen», amüsierte er sich und nahm damit meinen Gefühlen die Dramatik.

Der nächste Tag war der Höhepunkt der Reise. Wir sollten meine Tante sehen, von der ich vor wenigen Wochen noch nicht einmal wußte, daß es sie gab. Ich hatte einen dritten Versuch gestartet, meinen Vater zu finden. Von den britischen Behörden bekam ich eine Todesurkunde zugeschickt. Er war bereits 1976 in Dundee gestorben. Ich kam also viel zu spät. Mein Interesse konzentrierte sich nun auf eventuelle Verwandte. In das Telefonbuch von Dundee, erfuhr ich über die Auslandsauskunft, war eine Mery Rafferty eingetragen. Ich rief sie an. Die 75jährige Dame kannte niemanden von meiner Familie, versprach aber, sich umzuhören. Ihr habe ich es zu verdanken, daß der Kontakt zu meiner in Dundee lebenden Tante Ella Wilson plötzlich hergestellt werden konnte. Von meiner Tante bekam ich das erste vergilbte Foto aus Schottland. Zu meiner Überraschung war ich selbst darauf abgebildet. «Sonja Maria Rafferty» stand auf der Rückseite. Sie und ihre Schwester hatten sich oft gefragt, was wohl aus mir geworden sei. Am Telefon sagte sie mir: «Das Foto gehörte deinem Dad.» Ich wußte, daß er versucht hatte, mich nach Dundee zu holen, nachdem die Beziehung zu meiner Mutter gescheitert war. Meine Großmutter sollte mich aufziehen. Sie soll Kinder geliebt haben. Er hatte keine Chance. Ich wurde adoptiert, während er in Hongkong stationiert war. Meine Mutter war durch den Krieg Flüchtling und Waise geworden. Sie zog mit einem englischen Soldaten in die Nähe von Brighton in Südengland. Ich hatte bis zu ihrem Tode 1992 Kontakt zu ihr. Über den Verbleib meines Vaters konnte sie mir keine Auskunft geben, aber ich war schon glücklich über ein paar alte Fotos von ihm. Nun war ich in seiner Stadt, in Mid Craigie, dem Stadtteil, in dem er aufgewachsen und gestorben war. Sein Elternhaus konnte ich nicht mehr sehen. Der ganze Stadtteil war abgerissen und neu aufgebaut worden. Es war mir nicht einmal vergönnt, ein wenig von der Atmosphäre einzuatmen, die ihn umgeben hatte. *«Gestohlene Vaterschaft – verlorene Kindheit!»*

Bei Mery Rafferty, der alten Dame, die so unglaublich freundlich gewesen war, bedankten wir uns mit einem Blumenstrauß. Wir haben stundenlang bei Tee und Adventsgebäck geplaudert, und es war, als hätten wir uns schon immer gekannt. Wir hatten eine wundervolle Aussicht auf meine Vaterstadt, denn sie wohnte im 12. Stockwerk. Es wird mir unvergeßlich bleiben, wie sie vom früheren Dundee erzählte. Zum Abschied versprachen wir uns, Kontakt zu halten.

Meine Tante Ella gab eine Party als Familientreffen. Sie wohnte mit ihrem Mann Alf in einem Vorort Dundees. Wir wurden herzlich begrüßt. Das ganze Haus war weihnachtlich geschmückt. Ich bekam wieder Fotos von damals, als die Familie Rafferty noch beisammen war. Besonders interessant fand ich, daß es auch einen irischen Zweig im Stammbaum gibt. Am besten gefiel mir das bräunliche Bild, wo alle um den Kamin versammelt sind. Mein Großvater Patrick, meine Großmutter Catherine und die Geschwister meines Vaters: James, Mary und Ella. Mein Vater fehlt, vielleicht ist er gerade bei meiner Mutter in Deutschland. Ella ist jetzt die einzig Überlebende der Familie. Sie litt noch unter Marys Tod vor wenigen Monaten. James, der wie mein Vater unverheiratet blieb, starb einige Jahre nach meinem Vater. Die Brüder hatten sich eine Wohnung geteilt. Nach und nach trafen noch Verwandte ein. Ich lernte meine Cousins und Cousinen kennen. Es war alles sehr aufregend. Von meiner Cousine Catherine hing ein großes Bild über der Couch. Sie war im Alter von 28 Jahren plötzlich an einem unbekannten Virus gestorben. Sie wäre jetzt ungefähr so alt wie ich. Ich wünschte mir, daß sie hier mit uns sitzen könnte. Auch meinen Vater, meine Großeltern, Onkel James und Tante Mary hätte ich gerne lebendig gemacht und sei es nur kurz. Weihnachten – die Zeit der Überraschungen! Ich erfuhr, daß ich einen Halbbruder hatte. Er hieß Jack und seine Mutter war eine Jugendfreundin von Tante Ella gewesen. Die Hochzeit war geplant gewesen, war aber von Jacks Mutter kurzfristig abgesagt worden. Sie hat meinen Halbbruder allein aufgezogen. Mein Vater hat auch ihn nicht oft gesehen. Wieder hatte er keine Rechte. «Er hätte dich und Jack so gerne aufwachsen sehen», sagte Tante Ella. Daß er mit 48 Jahren an Magendurchbruch als Folge eines Geschwürs starb, hatte seine Gründe. Für mich setzte sich nach und nach ein Puzzle einer komplizierten Familiengeschichte zusammen. Leider gab es kein Foto von Jack. Tante Ella hatte ihn nicht mehr gesehen, seit er ein kleiner Junge war. Mit seiner Mutter wollte sie nach allem nicht mehr sprechen. Sie wußte aber, daß Jack vermutlich als Busfahrer in Dundee arbeitete und ungefähr sechs Jahre jünger war als ich. Ich wollte sowieso wiederkommen, aber finden würde ich ihn vorher. Die Zeit des Abschieds rückte näher. Es war eine ganz besondere Weihnachtszeit dieses Jahr. Aus dem Auto winkte ich und rief meinen neuen Verwandten zu: «Frohes Fest – und bis zum nächsten Jahr!»

Sonja M. Abel

Weihnachtsmarkt in Hamburg

Setz dich mit mir auf den Mönckeberg
und schau auf die Stadt.
Es duftet nach Glühwein, Zimt und Marzipan.
He, du kleiner Weihnachtszwerg, ist dir kalt?
Kuschel dich an meinen Winterpelz.
Sieh nur, die Menschen dort in der
Mönckebergstraße, die Karussellpferdchen,
der Lichterglanz, das Schmalzgebäck.
Hast du nicht 'n paar Groschen für
den Mann mit dem Hut?
Ich mein den Mann dort in der dunklen Ecke.
Nur eine Schneeflocke glänzt in seinem Bart.
Sie ist nicht geschmolzen, sie ist noch vom
letzten Jahr.
Die Erinnerung kennt keine Vergangenheit,
sie ist immer da.
Sie ist auch auf Weihnachtsmärkten, in Hamburg
und in allen Städten.

Heinz Hamm

Das wundersame Weihnachtsbrot

Es war wieder still geworden im Stall von Bethlehem, das Christkind schlief, seine Eltern hatten die Augen geschlossen, und selbst Ochs und Esel gaben durch gleichmäßiges Schnaufen zu erkennen, daß sie vor sich hin dösten. Die Engel waren zurück in den Himmel geflogen und die Hirten zurückgegangen zu ihren Schafen, zurück in die Zelte, Hütten und in ihre Dörfer.

Dort hatten sie natürlich von dem unerhörten Erlebnis berichtet, von dem Licht, vom Gesang der Engel und von der bettelarmen Familie, die in einem Stall schlafen mußte und ihr neugeborenes Kind in die Krippe gelegt hatte.

Die Mütter und Frauen der Hirten hatten zunächst neugierig und dann betroffen zugehört, und zugleich regte sich in ihnen der uralte Trieb zu helfen, zu umsorgen und zu pflegen. Ja, wovon sollen denn diese Asylanten leben? Wenn sie kaum eine Windel für das Kindchen hatten, woher sollten sie dann wohl etwas zu essen nehmen? Und sogleich fing Recha, die älteste der Frauen, an, Aufgaben zu verteilen. Jede Frau sollte in ihrem Haushalt nachschauen, was sie von ihren wenigen Vorräten etwa entbehren und abgeben könne. Nun müßt ihr wissen, es war Winter, und die Lebensmittel wurden knapp, denn Hirten waren auch damals keine reichen Leute. So kam nicht allzuviel zusammen, und es war ein buntes Durcheinander, das sich am Feuerplatz von Mutter Recha ansammelte: helles Mehl, dunkles Mehl, gemahlene Hirsekörner, etwas Honig, ein winziges Stückchen Ziegenbutter, ein Krug Öl und allerlei Gewürze, die zum Teil im Land wuchsen oder von einer durchziehenden Karawane erhandelt waren. Da war nun guter Rat teuer! Aus diesen Vorräten war weder eine nahrhafte Suppe zu kochen noch kräftiges Brot zu backen. Doch Recha fiel etwas ein! Während die Buben sofort losgeschickt wurden, um dürres Brennholz zu sammeln, sollten die Mädchen schon die flachen Steine säubern, auf denen die Frauen ihre Brotfladen backten. Die Mütter und Großmütter dagegen begannen alle Vorräte in ihren flachen Knetschüsseln zu einem Teig zusammenzukneten. In einer Schüssel wurde er heller, in einer anderen etwas dunkler, und als dann noch die Gewürze dazukamen, duftete es recht gut an der Feuerstelle. Längst hatten die Buben das Holz gebracht, und die Mädchen hatten die Backsteine schon im Feuer ganz heiß werden lassen. Ihr müßt wissen, daß man zu der Zeit noch keine Backöfen kannte, sondern den Brotteig auf heißen Steinen zu Fladenbrot ausbacke.

Mutter Recha mit Lea, Rahel und Rebekka gingen nun daran, aus dem wunderlichen Teig, der da entstanden war, ganz viele kleine Brötchen zu backen, denn schließlich sollten alle satt werden: Josef, Maria, die Hirten, die noch Wache beim Stall hielten, die vielen neugierigen Leute aus Bethlehem und die große Engelschar, von der die Männer berichtet hatten. Woher sollten die einfachen Hirtenfrauen auch wissen, daß die Engel als Boten Gottes keinen Hunger auf Brot oder Brötchen hatten? Nie zuvor hatte eine von ihnen etwas mit Engeln zu tun gehabt!

Als nun die vielen kleinen Fladenbrote auf den heißen Steinen gebacken wurden, stieg ein ganz wunderbarer Duft von ihnen auf, und die Frauen meinten, vielleicht schmeckten diese kleinen Brote ebenso gut, wie sie dufteten. Die Kinder hätten ja am liebsten gleich probiert, aber Mutter Recha scheuchte sie davon mit den Worten: «Wollt ihr etwa den armen Leuten noch das bißchen Brot wegessen, was wir ihnen bringen wollen?» Nein, das wollten die Mädchen und Buben nun auch wieder nicht, und so halfen sie eifrig, die noch warmen Brote in Körbe zu packen, und dann machten sich alle auf, um ihre Spende zum Stall zu bringen und zu verteilen. Aber wer beschreibt ihre Enttäuschung, als sie den Stall leer und verlassen vorfanden. Nur der Ochse glotzte sie mit großen Augen an und schnupperte nach dem Duft, der aus den Körben stieg. Die Krippe aber war leer, und Engel konnte man gar keine mehr sehen. Obwohl es noch früh am Tag war, wußte niemand, nicht einmal der Besitzer des Stalles, wo die kleine Familie geblieben war. Wir allerdings wissen es! Der Engel Gottes hatte sie eiligst auf die Reise nach Ägypten geschickt, damit das Christkind vor den Soldaten des Königs Herodes in Sicherheit war.

Da standen nun die fleißigen Hirtenfrauen und schauten ratlos auf Mutter Recha. Die aber lächelte still: «Weil die Kinder so fleißig gewesen sind, dürfen sie von den frischen kleinen Brötchen probieren», meinte sie. Das aber hättet ihr nun miterleben müssen, wie die sich den Mund wischten und die Augen verdrehten. Einige hielten sich die Bäuche, und alle waren sich einig, daß die kleinen Brote nicht nur wunderbar dufteten, sondern auch wunderbar schmeckten.

Da hatte also der gute Wille zu einer wunderbaren Entdeckung verholfen. Seither quälten die Hirtenkinder ihre Mütter, doch öfter solche kleinen Brote zu backen. Aber die gab es nur einmal im Jahr, an dem Tag nämlich, an dem die Väter die Engel sahen und ein kleines Kind in der Krippe gelegen hatte.

Nur dumm, daß die Mütter nicht mehr genau wußten, welche Zutaten sie in die einzelnen Knetschüsseln getan hatten. Aber nur so ist es zu erklären, daß es bis heute so vielerlei Arten von Weihnachtsbrot gibt. Wir nennen es Plätzchen und dazu gehören Honigkuchen, Kipferl, Zimtsterne und – ach, was zähle ich das alles auf, ihr wißt das doch viel besser! Auch wie die Mütter oft gebeten werden, doch endlich mit der Weihnachtsbäckerei anzufangen.

Aber echte Plätzchen gibt es eben nur einmal im Jahr: zu Weihnachten! Denn nur dann schmecken sie genausogut wie damals in Bethlehem.

Inhalt

Vorwort	5
Ein Wunsch geht in Erfüllung von Wilhelmine Weißenbrücher, Peine	7
Ein Weihnachtsbaum erzählt aus seinem Leben von Markus W. Zauner, Wiesloch	9
Der Stern, der uns leuchtet von Gabriele Engelbert, Flieden	13
Julia und die Hauswichtel von Renate Obermeyer, Radevormwald	16
Die Puppe Erika von Margot Verweyen, Neuss	22
Christnacht von Maria Anna Bruns, Overath	27
Erinnerungen an die Kindheit von Gabriele Benninghoven, Erkrath-Hochdahl	29
Meine Freundin Christa von Gerda Brömel, Mönkeberg	32
Der Bezugsschein von Ingrid Gallus, Ulm	35
Der Adventskalender von Dagmar C. Walter, Bremen	43
Die Botschaft von Dagmar C. Walter, Bremen	46

Das Steckenpferd von Pfarrer Kurt Mielke, Gelsenkirchen	47
«... und bring uns schöne Sachen» von Elfriede Junker, Rhede	48
Die Eisdame von Michael Walter, Hannover	54
Wie neugeboren von Ortfried Pörsel, Langen	70
Weihnachtsapfel und Neujahrsbäumchen von Heinz Hamm, Weilburg/Lahn	73
Familienfeste von Karl Keller, Karlsruhe	75
Unser Goldenes Buch von Werner Schmitt, Heidelberg-Kirchheim	80
Das Weihnachtspaket von Christa Schrott-Mäder, Jena	82
Der Luftballon von Karin Piske, Münster	85
Die Geburtstagsüberraschung von Christine Bienert, Garbsen	88
Benno von Kurt Baltinowitz, Hamburg	91
Ein Weihnachtsgeschenk mit Tücken und Folgen von Ursula Zachariae, Eutin	98
Eine schöne Bescherung von Karin Piske, Münster	104
Am Ende des Tages von Gabriele Schubert, Karlsruhe	107

Unsere braune Sauce von Christine Müller, Hannover	109
Einsamen-Weihnacht in der Familie von Erika Behrmann, Hamburg	112
Erinnerungen von Annemarie Meier-Behrendt, Hildesheim	115
Helge – und das Märchen vom Weihnachtsmann von Jutta Lindenthal, Probsteierhagen	117
Naschkatzen von Ursula Pecher, Werdau	123
Die Weihnachts-Wäscheleine von Gabriele Engelbert, Flieden	126
Engel in Not von Sylvia Schönhof, Bergisch Gladbach	131
Das verliebte Schneeglöckchen von Edgar Dembeck, Kiel	133
Jesus wurde in Belén geboren von Katharina Seidel, Dörverden	137
Weihnachtswunsch von Ortfried Pörsel, Langen	144
Wo ist das Marzipan? von Helga Brueckl, Kanada	144
Vergilbte Fotos aus Schottland von Sonja M. Abel, Celle	146
Weihnachtsmarkt in Hamburg von Sonja M. Abel, Celle	151
Das wundersame Weihnachtsbrot von Heinz Hamm, Weilburg/Lahn	152